ALINE MATEUS

Série: Turismo Sustentável no Século XXI

Volume 1

TURISMO SUSTENTÁVEL
O caso do bosque modelo

Aline Mateus

TURISMO SUSTENTÁVEL:
o caso do bosque modelo

Série Turismo Sustentável no Século XXI
Vol. 1

EDITORA CRV
Curitiba - Brasil
2017

Copyright © da Editora CRV Ltda.
Editor-chefe: Railson Moura
Diagramação e Capa: Editora CRV
Foto da Capa: Aline Mateus
Revisão: A Autora

DADOS INTERNACIONAIS DE CATALOGAÇÃO NA PUBLICAÇÃO (CIP)
CATALOGAÇÃO NA FONTE

M425

Mateus, Aline
    Turismo sustentável: o caso do bosque modelo. / Aline Mateus – Curitiba: CRV, 2017.
114 p.

    Bibliografia
    ISBN 978-85-444-1973-1
    DOI 10.24824/978854441973.1

    1. Ciências sociais 2. Turismo 3. Sustentabilidade 4. Desenvolvimento socioeconômico 5. Cooperativismo 6. Bosque modelo 7. Série Turismo Sustentável no Século XXI. Aline Mateus

CDU 380.81   CDD 333.715

Índice para catálogo sistemático
1. Turismo 380.81

ESTA OBRA TAMBÉM ENCONTRA-SE DISPONÍVEL
EM FORMATO DIGITAL.
CONHEÇA E BAIXE NOSSO APLICATIVO!

2017
Foi feito o depósito legal conf. Lei 10.994 de 14/12/2004
Proibida a reprodução parcial ou total desta obra sem autorização da Editora CRV
Todos os direitos desta edição reservados pela: Editora CRV
Tel.: (41) 3039-6418 - E-mail: sac@editoracrv.com.br
Conheça os nossos lançamentos: **www.editoracrv.com.br**

Conselho Editorial:

Aldira Guimarães Duarte Domínguez (UNB)
Andréia da Silva Quintanilha Sousa (UNIR/UFRN)
Antônio Pereira Gaio Júnior (UFRRJ)
Carlos Alberto Vilar Estêvão (UMINHO – PT)
Carlos Federico Dominguez Avila (UNIEURO)
Carmen Tereza Velanga (UNIR)
Celso Conti (UFSCar)
Cesar Gerónimo Tello (Univer. Nacional Três de Febrero – Argentina)
Elione Maria Nogueira Diogenes (UFAL)
Élsio José Corá (UFFS)
Elizeu Clementino (UNEB)
Francisco Carlos Duarte (PUC-PR)
Gloria Fariñas León (Universidade de La Havana – Cuba)
Guillermo Arias Beatón (Universidade de La Havana – Cuba)
Jailson Alves dos Santos (UFRJ)
João Adalberto Campato Junior (UNESP)
Josania Portela (UFPI)
Leonel Severo Rocha (UNISINOS)
Lídia de Oliveira Xavier (UNIEURO)
Lourdes Helena da Silva (UFV)
Maria de Lourdes Pinto de Almeida (UNOESC)
Maria Lília Imbiriba Sousa Colares (UFOPA)
Maria Cristina dos Santos Bezerra (UFSCar)
Paulo Romualdo Hernandes (UNICAMP)
Rodrigo Pratte-Santos (UFES)
Sérgio Nunes de Jesus (IFRO)
Simone Rodrigues Pinto (UNB)
Solange Helena Ximenes-Rocha (UFOPA)
Sydione Santos (UEPG)
Tadeu Oliver Gonçalves (UFPA)
Tania Suely Azevedo Brasileiro (UFOPA)

Comitê Científico:

Angelo Aparecido Priori (UEM)
Arnaldo Oliveira Souza Júnior (UFPI)
Dagmar Manieri (UFT)
Edison Bariani (FCLAR)
Elizeu de Miranda Corrêa (PUC/SP)
Fernando Antonio Gonçalves Alcoforado (Universitat de Barcelona, UB, Espanha)
Giovani José da Silva (UNIFAP)
José de Ribamar Sousa Pereira (Exército Brasileiro/Ministério da Defesa)
Kelly Cristina de Souza Prudencio (UFPR)
Liv Rebecca Sovik (UFRJ)
Marcelo Paixão (UFRJ e UTexas – US)
Maria Schirley Luft (UFRR)
Mauro Guilherme Pinheiro Koury (UFPB)
Ricardo Ferreira Freitas (UERJ)
Rubens Elias da Silva (UFOPA)
Sergio Augusto Soares Mattos (UFRB)
Silvia Maria Favero Arend (UDESC)
Sonia Maria Ferreira Koehler (UNISAL)
Suyanne Tolentino de Souza (PUC-PR)

Este livro foi avaliado e aprovado por pareceristas *ad hoc*.

Dedico este livro à Fernanda Cristina Sorgatto.

AGRADECIMENTOS

Agradeço a duas pessoas, para mim, fundamentais por terem me dado a vida: meu pai Mateus e minha mãe Júlia.
À Fernanda pelo apoio diário e dedicação constante.
Ao meu irmão Rafael e minha irmã Cristiane pelas trocas de ideias e afeto.
Aos meus sobrinhos Guilherme e João e demais familiares próximos por entenderem muitas de minhas ausências.
Ao Prof. Dr. e orientador Ricelli pela dedicação nas orientações neste período de aprendizado,
Ao Prof. Iury, professor convidado externo a fazer parte das bancas de qualificação e apresentação da dissertação, que gentilmente aceitou o convite.
À Maria Augusta Rosot, Yeda Maria Malheiros, André Biscaia, Maria Izabel Ramdanck e toda equipe da EMBRAPA pela oportunidade de conhecer o Bosque Modelo Caçador e de fazer parte dessa rede.
Ao historiador do Museu do Contestado Júlio Correntes por compartilhar informações valiosas sobre a história do Contestado e sobre o Bosque Modelo Caçador.
À gerente do Bosque Modelo Caçador, Mariana Phillipe por todas as informações sobre referenciais dos Bosques Modelo do mundo, das redes, dos planos estratégicos e de muitos outros caminhos.
Aos agricultores, apicultores, empresas e órgãos públicos do Município de Caçador que contribuíram para a pesquisa com grande acolhida em visitas de campo.
Aos meus colegas de Pós-Graduação que tornaram um período de longa dedicação em momentos divertidos e de novos amigos na cidade.
A todos os professores por terem contribuído no ensinar fazer Mestrado e como fazer parte dele, bem como concluí-lo. Muito obrigada!

"Dias inteiros de calmaria, noites de ardentia, dedos no leme e olhos no horizonte, descobri a alegria de transformar distâncias em tempo". Um tempo em que aprendi a entender as coisas do mar, a conversar com as grandes ondas e não discutir com o mau tempo. A transformar o medo em respeito, o respeito em confiança. Descobri como é bom chegar quando se tem paciência. E para se chegar, onde quer que seja, aprendi que não é preciso dominar a força, mas a razão. É preciso antes de mais nada, querer".
Amyr Klink

SUMÁRIO

PREFÁCIO 15

PRÓLOGO 17

INTRODUÇÃO 19

CAPÍTULO 1
DESENVOLVIMENTO SOCIOECONÔMICO A
PARTIR DO TURISMO SUSTENTÁVEL 23
   1.1 Turismo 23
   1.2 Turismo sustentável 29
   1.3 Desenvolvimento sustentável 34
   1.4 Cooperativas como alternativa
   socioeconômica para o turismo rural 36
   1.5 Características do Município de Caçador e região ... 39
   1.5.1 Sistema Nacional de Unidades de
   Conservação (SNUC) e Floresta Nacional de Caçador .. 43
   1.5.2 Empresa Brasileira de Investigação
   Agropecuária (EMBRAPA) e Estação
   Experimental de Embrapa de Caçador 45
   1.6 Bosque Modelo 47
   1.6.1 Rede Internacional de Bosque Modelo (RIBM) 47
   1.6.2 Rede Ibero-americana de Bosques Modelo
   (RIABM) 50
   1.6.3 Implantação do Bosque Modelo Caçador
   (BMCDR) 52

CAPÍTULO 2
MATERIAIS E MÉTODOS 59
   2.1 Tipo de estudo 59
   2.2 Caracterização da área de estudo 59

2.3 Análise dos objetivos da área protegida e
critérios dos caminhos agroflorestais 60
2.4 Cálculo da capacidade de carga turística da
área agroflorestal escolhida 62
2.4.1 Avaliação da Capacidade de Carga Física (CCF) .. 63
2.4.2 Avaliação da Capacidade de Carga Real (CCR) ... 64
2.4.3 Avaliação da Capacidade de Carga Efetiva
ou Permissível – CCE 71
2.5 Validação do questionário para a entrevista 72
2.6 Amostra e entrevista 73
2.7 Análise dos dados 74

CAPÍTULO 3
RESULTADOS E DISCUSSÃO 75
   3.1 Capacidade de carga física (CCF) 75
   3.2 Capacidade de carga real (CCR) 76
   3.3 Capacidade de carga efetiva (CCE) 76
   3.4 Análise das entrevistas 77

CONSIDERAÇÕES 85

REFERÊNCIAS 87

GLOSSÁRIO 99

APÊNDICES 101
   APÊNDICE A
   Formulário para entrevista 103
   APÊNDICE B
   Termo de Consentimento Livre e Esclarecido 107
   APÊNDICE C
   Fotos da Pesquisa 111

PREFÁCIO

Eis-me aqui fazendo o prefácio do livro de Aline Mateus, me responsabilizando de um importante momento da sua carreira acadêmica e profissional. Recebi com entusiasmo e ao mesmo tempo sinto-me a vontade para apresentar aos leitores o trabalho final de uma importante dissertação, resultado de uma pesquisa orientada por mim.

Começo a minha descrição mostrando que esta obra fundamentada sobre o "Turismo Sustentável", reflete a importância em se desenvolver nas diferentes regiões um turismo que atenda as características sociais, culturais, espaciais, ecológicos e econômicos destes locais, com objetivo principal de melhorar a saúde e a qualidade de vida das pessoas.

O turismo sustentável como uma das ferramentas de desenvolvimento socioeconômico, tem sido pouco explorado no Brasil, pois as pesquisas são escassas, principalmente em regiões que apresentam potencial para a sua implantação. Em Santa Catarina, especificamente na região do meio oeste, o IDH é um dos mais baixos do estado, reforçando a necessidade de novos meios de desenvolvimento socioeconômico para que esta região melhore este índice.

No município de Caçador e região, localizado no meio oeste de SC, a flora e a fauna são abundantes e existem diversas áreas de exploração do turismo sustentável, entretanto, é pouco pesquisado e desenvolvido.

Dentro deste contexto, este livro é fruto de uma extensa pesquisa desenvolvida durante o mestrado, que gerou uma dissertação, propondo aos leitores conteúdos sobre a importância do turismo sustentável e o seu desenvolvimento através do Bosque Modelo Caçador e a análise de uma área localizada na Estação Experimental da Embrapa em Caçador (EEEC), em que foi avaliado o potencial turístico (CAPACIDADE DE CARGA) deste local.

Além disso, este livro mostra através de entrevistas com *experts* em turismo sustentável, o impacto socioeconômico que poderia trazer através da implantação do turismo sustentável em Caçador e região.

Com imensa gratidão e alegria, finalizo este prefácio incentivando aos leitores para que façam com profundidade uma leitura deste belíssimo texto e agradecendo a minha orientanda " Aline Mateus", autora deste livro, pela oportunidade em participar da sua caminhada e fazer parte da sua construção de conhecimento.

Prof. Dr. Ricelli Endrigo

PRÓLOGO

A Organização das Nações Unidas proclamou 2017 como o Ano Internacional do Turismo Sustentável para o Desenvolvimento, em reconhecimento ao grande potencial do turismo, que responde por cerca de 10% da atividade econômica mundial, para contribuir para a luta contra a pobreza e promover a compreensão mútua e o diálogo intercultural, temas centrais da missão da UNESCO, o que leva a uma maior conscientização sobre o rico patrimônio de várias civilizações e a uma melhor apreciação dos valores inerentes às diferentes culturas, contribuindo, dessa forma, para fortalecer a paz no mundo. O turismo ajuda as indústrias culturais locais a encontrar novos públicos, assim como novos mercados para seus bens e serviços. O turismo também tem o potencial para contribuir, direta e indiretamente, com a Agenda 2030 para o Desenvolvimento Sustentável. Os dados da Organização Mundial do Turismo das Nações Unidas (United Nations World Tourism Organization – UNWTO) mostram a importância do turismo como veículo para a criação de empregos, gerando receitas para as comunidades que recebem os turistas e representando cerca de 1 em 11 postos de trabalho em todo o mundo (UNESCO, 2017).

INTRODUÇÃO

O turismo é caracterizado como uma atividade socioeconômica e ambiental, intervindo nos papéis entre sujeito e objeto (SACHS, 1986, *apud,* SAMPAIO, 2004 p. 20-21). Tem como premissa estudar os impactos da atividade turística na população receptiva, vista como sujeito, isto é, analisar transdisciplinariamente a comunidade impactada por tal atividade, perpassando pelas ciências humanas, sociais e naturais (e não mais na visão duodisciplinar da economia e da administração), repassando as estratégias de um novo estilo de desenvolvimento no contexto da demanda social, regulando tanto os padrões de consumo e os estilos de vida – e da oferta de bens e serviços – quanto um conjunto de funções produtivas (SACHS, *apud,* SAMPAIO, 2004 p. 20-21).

Dentro desse contexto, a dimensão social do turismo tem recebido menos atenção no debate do turismo sustentável do que do seu impacto ambiental. Talvez, isso se dê porque os impactos socioculturais do turismo geralmente ocorrem de maneira vagarosa e discreta com o passar do tempo, sendo, igualmente, em grande parte, invisíveis e intangíveis. Contudo, o impacto social do turismo geralmente é permanente, com pouca ou nenhuma oportunidade de reverter as mudanças uma vez ocorridas. (SWARBROOKE, 2000, p. 109).

A fim de contribuir para o desenvolvimento socioeconômico de uma região através do turismo, deve-se incentivar o turismo sustentável uma vez que objetiva proteger as regiões receptoras e atender aos fatores sociais, culturais, espaciais, ecológicos e econômicos desses locais (OMT, 2003, p. 24). Além disso, é importante que o manejo da região em que será desenvolvido esse tipo de atividade seja defensivo e que haja o controle sobre a quantidade de pessoas a visitarem o local (Capacidade de Carga) para não haver agressão ao meio ambiente, possibilitando estruturas de longa permanência (RUSCHMANN, 1997 p. 39).

O turismo sustentável como ferramenta de desenvolvimento socioeconômico, ainda, não foi explorado na cidade de Caçador e região. A cidade em questão está na 64º posição na classificação do Índice de Desenvolvimento Humano (ONU, 2013), encontrando-se como um dos menores índices do Estado de Santa Catarina. Isso reflete na saúde e na qualidade de vida das pessoas, portanto, a implantação do turismo sustentável poderá trazer crescimento e desenvolvimento socioeconômico, oportunizando novas formas de renda, incentivando a educação, diminuindo a desigualdade social e promovendo a saúde e a qualidade de vida para a população do município e região.

Os benefícios socioeconômicos para Caçador e região através do turismo sustentável, seria importante aliar-se com o Bosque Modelo Caçador. Tal ação poderá aumentar e facilitar o desenvolvimento do turismo, devido a fatores como o trabalho em rede, incentivar as alianças estratégicas, colaborar na prevenção e resolução de conflitos, melhorar a democratização das prioridades, catalisar oportunidades, diminuir a duplicidade de esforços, incidência política, desenvolver projetos conjuntos e mobilizar de recursos. Todos esses benefícios o turismo sustentável busca igualmente e necessita de apoio público, privado e da comunidade (ROSOT et al., 2013 p. 29-33).

Este estudo tem como objetivo geral analisar a importância do turismo sustentável através do Bosque Modelo Caçador como forma de subsidiar o desenvolvimento socioecômico e sociocultural à cidade de Caçador e região. Os objetivos específicos da pesquisa são: a) Analisar o turismo sustentável a partir das suas possiblidades de desenvolvimento; b) Historicizar as caracteristicas do Bosque Modelo; c) Avaliar o potencial turístico através do Bosque Modelo Caçador ; d) Avaliar a capacidade de carga turística do Bosque Modelo Caçador e; e) Analisar os impactos socioeconômicos, culturais e ambientais que o turismo sustentável poderá gerar na população e região.

Dentro desse contexto, esta pesquisa apresenta a importância de se estudar o turismo sustentável através do Bosque Modelo Caçador para o desenvolvimento social de Caçador e região. São apresentados três capítulos principais neste estudo:

1) No primeiro capítulo, é apresentado o desenvolvimento com conteúdos referentes aos temas de turismo sustentável, bosque modelo, viabilidade e manejo em áreas de preservação;
2) No segundo capítulo, são apresentados os materiais e os métodos para a determinação da área de estudo ao turismo sustentável, descrição e definição de técnicas de estudo da capacidade de carga da área escolhida, construção e validação de um questionário sobre a importância desse tipo de turismo através do Bosque Modelo Caçador e a análise descritiva dos dados;
3) No terceiro capítulo, apresentam-se os resultados e discussões referentes à capacidade de carga e às análises qualitativas e quantitativas das respostas do questionário aplicado a uma amostra de exímios conhecedores dos assuntos sobre turismo sustentável e bosque modelo.

CAPÍTULO 1
DESENVOLVIMENTO SOCIOECONÔMICO A PARTIR DO TURISMO SUSTENTÁVEL

1.1 Turismo

O turismo é um movimento de pessoas, é um fenômeno que envolve, antes de tudo, gente (REJOWSKI, 1996, p. 4). É um ramo das ciências sociais e não das ciências econômicas e transcende a esfera das meras relações da balança comercial (REJOWSKI, 1996, p. 4). O conceito de turismo evoluiu, mais precisamente, após a Segunda Guerra Mundial como "consequência dos aspectos relacionados à produtividade empresarial, ao poder de compra das pessoas e ao bem-estar resultante da restauração da paz no mundo" (FOURASTIÉ, apud RUSCHMANN, 1997, p. 13).

De LaTorre (apud BARRETO, 1995, p. 13) alerta para um dos atributos da atividade turística: a sua capacidade de inter-relacionar as dimensões social, econômica e cultural, definindo o turismo como um fenômeno social que consiste no deslocamento voluntário e temporário de indivíduos ou grupo de pessoas que, fundamentalmente, por motivo de recreação, descanso, cultura ou saúde, saem do seu local de residência habitual para outro, no qual não exercem nenhuma atividade lucrativa nem remunerada, gerando múltiplas inter-relações de importância social, econômica e cultural. A tendência da humanidade é a de se concentrar nas grandes cidades, o que torna esses núcleos humanos, muitas vezes, fonte de violência e neurose urbana. Dado esse quadro, o lazer é necessário, mas não suficiente. O turismo permite ao indivíduo que se distancie de seu meio e de seu cotidiano, tornando-se, cada vez mais, uma necessidade para o bem-estar humano (REJOWSKI, 1996, p. 4).

A importância do estudo do turismo para melhorar a qualidade de vida das pessoas se torna uma realidade e um estudo científico.

Os primeiros estudos sobre tal assunto trataram das noções de turismo na literatura. Registrados no início da década de 1870, os primeiros trabalhos sobre esse tema, grande parte deles, tratavam de geografia e economia (JOVICIC, apud REJOWSKI, 1996 p. 10).

O turismo é uma prática antiga, só aparece como área científica de estudos recentemente, e sua evolução foi notável, levando-se em conta o curto período de sua ocorrência. Mesmo considerando que importantes bases de seu estudo foram assentadas antes da Segunda Guerra Mundial, seu desenvolvimento científico só ocorreu após a mesma (REJOWSKI, 1996, p. 14).

O turismo aparece no Brasil como pesquisa científica a partir da década de 1970, quando seus estudos iniciaram os primeiros passos. Nessa época, no Brasil, assim como em outros países, existia toda uma expectativa e credibilidade sobre o turismo como uma das chaves do *boom* do turismo massivo e a consequente movimentação e circulação de capital, cuja importância econômica já era reconhecida em todo o mundo (REJOWSKI, 1996, p. 59).

A evolução do estudo do turismo, compreensivelmente, estimula esforços em pesquisas e ensino de forma análoga ao processo de "cientificidade" já ocorrido em outras disciplinas mais antigas das ciências humanas e sociais, como a antropologia, geografia, sociologia e economia (REJOWSKI, 1996, p. 17).

Por ser um fenômeno de múltiplas facetas, penetra em muitos aspectos da vida humana, quer de forma direta, quer indireta. Consequentemente, tem-se desenvolvido utilizando métodos e técnicas de várias disciplinas, tais como a economia, sociologia, psicologia, geografia, antropologia, entre outras (REJOWSKI, 1996, p. 18).

Ainda sobre a evolução do turismo como ciência, a Organização Mundial do Turismo categoriza algumas disciplinas cujos referenciais teóricos são utilizados na construção do conhecimento turístico, como se observa a seguir (DENCKER, 1998, p. 36):

- Antropologia: análise das condições culturais que levam um grupo a viajar e análise dos possíveis conflitos existentes na interação cultural entre os turistas e a população autóctone;
- Sociologia: compreende o turismo como um fenômeno social total e o estuda a partir das características sociais dos grupos viajantes, como religião, gênero, nível educacional, classe, dentre outros;
- Administração: estuda o turismo como um produto a ser comercializado, suas estratégias de *marketing* para o destino e a gestão estratégica e empreendedora do mesmo;
- Geografia: analisa o turismo existente dentro de um espaço que é construído a partir de pessoas inseridas num meio ambiente. Também estuda as redes de transporte;
- Ecologia: compreende os impactos do turismo ao meio ambiente natural e as propostas de educação para o turismo nas respectivas áreas.

Dencker (1998, p. 36) observa o fato de o turismo ser estudado e compreendido a partir de outras disciplinas, como é o caso de grande parte dos cursos de educação em turismo, desenvolvendo a abordagem multidisciplinar ou interdisciplinar, e considera que isso dificulta a formação de teorias explicativas específicas que sejam suficientes para dar conta do fenômeno turístico.

Sobre as definições das tendências do ensino e da pesquisa, Rejowski e Costa contextualizam sobre a área do turismo.

> Existem atualmente uma preocupação em definir algumas tendências do ensino e da pesquisa, tanto na área de turismo como em outras, que podem ser restringidas a três

conceitos básicos: pluridisciplinaridade ou multidisciplinaridade, interdisciplinaridade e transdisciplinaridade. Tais conceitos podem ser explicados mediante uma gradação na esfera de coordenação e cooperação entre as disciplinas. (REJOWSKI, COSTA, 2003, p. 21).

Os termos multidisciplinaridade e interdisciplinaridade são frequentemente usados de forma intercambiável, embora não sejam sinônimos (REJOWSKI, 1996).

Para Przeclawski (1993), na pesquisa multidisciplinar, cada uma das disciplinas envolvidas usa seus próprios conceitos e métodos. Apenas o objeto principal da pesquisa é o mesmo. O *background* filosófico dos pesquisadores e seus pontos de vista da humanidade, da sociedade podem ser completamente diferentes (PRZECLAWSKI apud REJOWSKI, 1996, p. 21).

Já na pesquisa interdisciplinar, Przeclawski explicitou tal ocorrência quando alguém examina um determinado problema, simultaneamente, de diferentes lados (prisma) para considerar aspectos distintos ao mesmo tempo (PRZECLAWSKI apud REJOWSKI, 1996, p. 22).

A transdisciplinaridade envolveria um grupo e especialistas do mais alto nível, trabalhando em conjunto com elevado espírito de equipe interdisciplinar, sem impor suas próprias ideias. De acordo com Fazenda, seria o ideal para o desenvolvimento de estudos e pesquisas em uma área interdisciplinar como o turismo (FAZENDA apud REJOWSKI 1996, p. 22).

Ainda sobre a reflexão da educação e turismo, Trigo (1998, p. 199) destaca que:

> O turismo deve ser ensinado de maneira transdisciplinar. O turismo é uma das especialidades no campo da ciência A formação profissional em turismo realiza-se em pleno contexto das mudanças globais. No nível superior, o processo de formação profissional deve ser centrado na educação e não em simples treinamento. A educação em turismo evolui em sua curta história acadêmica, mas ainda enfrenta alguns problemas epistemológico a serem resolvidos. A qualidade em turismo depende de formação profissional séria e con-

tinuada. É importante a colaboração entre as instituições educacionais e o mercado para melhorar o nível de ambos os segmentos. As novas tecnologias são facilitadoras do aprendizado. A educação deve se centrar na capacidade de o aluno pensar, expressar-se claramente, resolver problemas e tomar decisões. A educação de qualidade é fundamental nas sociedades pós-industriais. A perspectiva humanista é fundamental na formação profissional, o ser humano é mais importante do que capital ou tecnologia. Finalmente, não se pode esquecer que a área de turismo, hotelaria e gastronomia precisam de atividades práticas e estágios supervisionados, seja em situações controladas de laboratórios ou ambientes reais de trabalho.

Na figura 1, apresenta-se o caráter interdisciplinar do turismo e suas conexões com diversas disciplinas.

Figura 1 – Apresentação do turismo como disciplina interdisciplinar

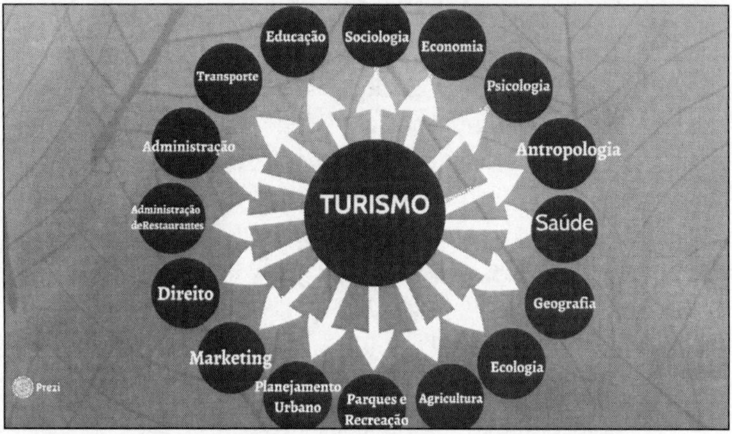

Fonte: Autora (2017)

Percebe-se, portanto, que cada vez mais o estudo do turismo vem despertando o interesse de várias áreas do conhecimento no meio acadêmico, de algumas poucas disciplinas para outras das ciências humanas e sociais; dessas, para disciplinas das ciências exatas e naturais. Isso sugere que sua compreensão requer o envolvimento de um sem número de disciplinas. Por outro lado, deve-se observar que, embora possa ser estudado no âmbito de uma das disciplinas citadas, pode também ser estudado no de várias ao mesmo tempo ou no de uma nova disciplina (REJOWSKI, 1996, p. 20-21).

De acordo com Trigo (2003), as escolas não são o único lugar onde se pode aprender na sociedade Pós-Industrial, ou seja, as crianças, os adolescentes e os adultos convivem em vários lugares destinados especificamente à diversão e ao consumo. Esses lugares podem ser privados, por exemplo, suas casas e apartamentos, ou espaços comuns de lazer de edifícios ou condomínios fechados. Igualmente, podem ser espaços públicos como shopping Center, galerias de arte, cinemas, teatros, casas noturnas, parques temáticos, hotéis, aeroportos e centros de lazer e turismo em geral (TRIGO, 1998, p. 149).

Conforme sustenta Edgar Morin sobre a importância da cultura, o homem somente se realiza plenamente como ser humano pela cultura e na cultura. Não há cultura sem cérebro humano (aparelho biológico dotado de competência para agir, perceber, saber, aprender), mas não há mente (*mind*), isto é, capacidade de consciência e pensamento, sem cultura. A mente humana é uma criação que emerge e se afirma na relação cérebro-cultura (MORIN, 2000, p. 52). A cultura deve ser algo passado de geração a geração, mantendo costumes, valores e regras de uma sociedade. Um povo sem cultura é um povo sem memória, conforme Morin (2000, p. 56):

> A cultura é constituída pelo conjunto dos saberes, fazeres, regras, normas, proibições, estratégias, crenças, ideias, valores, mitos, que se transmite de geração em geração, se reproduz em cada indivíduo, controla a existência da sociedade e mantém a complexidade psicológica e social. Não há sociedade humana, arcaica ou moderna, desprovida de cultura, mas cada cultura é singular. Assim, sempre existe a cultura nas culturas, mas *a* cultura existe apenas por meio *das* culturas.

Rejowski (2001, p. 44), em resumo da importância do turismo para o desenvolvimento social e cultural, complementa que a atividade turística não visa a apenas geração de renda, mas está relacionada ao aspecto social e cultural, possibilitando ao ser humano conhecer novas culturas e enriquecer conhecimentos por meio de viagens, fazendo com que as pessoas busquem diferentes alternativas de lazer.

Bartholo, de igual forma, explica como essas alternativas de lazer podem acontecer em um território onde há interação do homem com o ambiente, podendo resultar em diversas maneiras de se organizar e se relacionar com a natureza e a cultura, transformando esses ativos em fonte de lazer, entretenimento e conhecimento para visitantes e inserção socioeconômica da população local nas atividades relacionadas ao turismo (BARTHOLO et al., 2009, p. 5).

Para que as fontes de lazer e o turismo possam ser exploradas de forma sustentável, independente de sua classificação, existem vários tipos de turismo: social, ecoturismo, cultural, de estudos e intercâmbio, de Esportes, de pesca, náutico, de aventura, de sol e praia, de negócios e eventos, rural, de saúde (MINISTÉRIO DO TURISMO, 2017).

Sobre a sustentabilidade do turismo, a Organização Mundial do Turismo (OMT) define turismo sustentável como aquele que "atende às necessidades dos turistas de hoje e das regiões receptoras, ao mesmo tempo em que protege e amplia as oportunidades para o futuro" (OMT, 2003, p. 24).

1.2 Turismo sustentável

O debate sobre o conceito de turismo sustentável é relativamente recente, tendo surgido com maior força no final da década de 80, quando os estudantes de cursos superiores e os profissionais desse ramo começaram a considerar as implicações do relatório de Brundtland, que foi elaborado pela comissão mundial sobre o meio ambiente e o desenvolvimento (SWARBROOKE, 2000, p. 12).

Ao longo dos anos, desde sua proposição no documento Nosso Futuro Comum, da Comissão Mundial para o Meio Ambiente e Desenvolvimento, produzido pela ONU (Organização das Nações Unidas) e apresentado no Relatório Brundtland em 1987, o termo "desenvolvimento sustentável" vem sendo amplamente utilizado e disseminado, tanto no debate acadêmico, intelectual, como no uso comercial de sua ideia (SACHS, 2002, p. 95).

Quer seja denominado "ecodesenvolvimento" ou "desenvolvimento sustentável", a abordagem fundamentada na harmonização de objetivos sociais, ambientais e econômicos é adotada desde a Conferência das Nações Unidas sobre Meio Ambiente Humano, realizada em Estocolmo (Suécia), no ano de 1972, e na Conferência das Nações Unidas sobre Meio Ambiente e Desenvolvimento, realizada no Rio de Janeiro em 1992 (Rio 92 ou Eco-92) no Brasil (SACHS, 2002, p. 95).

Para um entendimento melhor entre a relação de sustentabilidade e do turismo, Ruschmann, com apoio de Holder, traça os seguintes esclarecimentos:

Como meio ambiente, "entende-se a biosfera, isto é, as rochas, a água e o ar que envolve a Terra, juntamente com o ecossistema que eles mantêm" (Holder apud Ruschmann, 1997, p. 19). Esses ecossistemas são constituídos de comunidades de indivíduos de diferentes populações (bióticos), que vivem numa área juntamente com seu meio não vivente (abiótico), e se caracterizam por suas inter-relações, sejam elas simples ou mais complexas (RUSCHMANN, 1997, p. 19).

Essa definição inclui também os recursos construídos pelo homem, tais como casas, cidades, monumentos históricos, sítios arqueológicos e os padrões comportamentais das populações, como folclore, vestuário, comidas e o modo de vida em geral, que as diferem de outras comunidades (RUSCHMANN, 1997, p. 19).

De acordo com Swarbrooke (2000), constata-se que houve uma evolução no conceito de turismo sustentável e que, por conseguinte, o seu significado está sujeito a alterar-se ao longo do tempo. Por sustentável, geralmente, quer-se dizer desenvolvimento que satisfaz necessidades hoje, sem comprometer a capacidade de as pessoas satisfazerem-nas no futuro (SWAR-BROOKE, 2000, p. 3).

A sustentabilidade de um meio turístico depende necessariamente do tipo de turismo que ocorre na área e que poderá ser um instrumento de sustentação do modelo de desenvolvimento ecológico, exigido pelas grandes transformações no modo de vida em todo globo terrestre (RUSCHMANN; ROSA, 2006). Dentro desse contexto, é preciso que o turismo e o meio ambiente encontrem um ponto de equilíbrio a fim de que a atratividade dos recursos naturais não seja a causa da sua degradação. Em virtude disso, o Estado deve cumprir seu papel, principalmente no que se refere à aplicação de leis ambientais e o zelo pelo seu cumprimento, porém, é essencial que as coletividades locais turísticas assim como os outros agentes de seu desenvolvimento contribuam igualmente para a proteção dos atrativos naturais que estimulam o afluxo dos turistas (RUSCHMANN, 1997, p. 27).

Para que haja esse ponto de equilíbrio, é necessário ampliar a sustentabilidade a outras esferas além da ambiental; é preciso englobar as esferas sociais, culturais, espaciais e econômicas, conforme o ponto de vista de Sachs (1993 p. 24) o qual afirma que a sustentabilidade ecológica, social, econômica, cultural, espacial e política é a garantia de que toda atividade exploradora do ambiente possa, concomitantemente, beneficiar comunidades que estão inseridas, colaborando para assegurar a preservação das culturas locais.

Ainda de acordo com Sachs (1993, p. 24-27), ao planejar o desenvolvimento, devemos considerar simultaneamente as cinco dimensões de sustentabilidade como citado a cima, vejamos:

a) A sustentabilidade social é entendida como a consolidação de um processo de desenvolvimento baseado em outro tipo de crescimento e orientado por outra visão do que é a boa sociedade. O objetivo é construir uma civilização do "ser" em que exista maior equidade na distribuição do "ter" e da renda, de modo a melhorar substancialmente os direitos e as condições de amplas

massas de população e reduzir a distância entre os padrões de vida de abastados e não abastados;
b) A sustentabilidade econômica é possibilitada por uma alocação e gestão mais eficiente dos recursos e por um fluxo regular do investimento público e privado. Uma condição fundamental para isso é superar as atuais condições externas, decorrentes de uma combinação de fatores negativos já mencionados como o ônus do serviço da dívida e do fluxo líquido de recursos financeiros do Sul para o Norte, as relações adversas de troca, as barreiras protecionistas ainda existentes nos países industrializados e, finalmente, as limitações do acesso à ciência e à tecnologia. A eficiência econômica deve ser avaliada mais em termos macrossociais do que apenas por meio de critérios de lucratividade microempresarial;
c) A Sustentabilidade ecológica pode ser incrementada pelo uso das seguintes alavancas:
- aumento da capacidade de carga da Espaçonave Terra por meio da engenhosidade ou, em outras palavras, intensificação do uso dos recursos potenciais dos vários ecossistemas com mínimo de dano aos sistemas de sustentação da vida para propósitos socialmente válidos;
- limitação do consumo de combustíveis fósseis e de outros recursos e produtos facilmente esgotáveis ou ambientalmente prejudiciais, substituindo-os por recursos ou produtos renováveis e/ou abundantes e ambientalmente inofensivos;
- redução do volume de remédios e de poluição por meio da conservação e reciclagem de energia e recursos;
- autolimitação do consumo material pelos países ricos e pelas camadas sociais privilegiadas em todo o mundo;
- intensificação da pesquisa de tecnologias limpas e que utilizem de modo mais eficiente os recursos

para a promoção do desenvolvimento urbano, rural e industrial;
- definição das regras para uma adequada proteção ambiental, concepção da máquina institucional, bem como escolhas do conjunto de instrumentos econômicos, legais e administrativos necessários para assegurar o cumprimento das regras;

d) sustentabilidade espacial está voltada a uma configuração rural, urbana mais equilibrada e a uma melhor distribuição territorial de assentamentos humanos e atividades econômicas, com ênfase às seguintes questões:
- concentração excessiva nas áreas metropolitanas;
- destruição de ecossistemas frágeis, mas vitalmente importantes por processos de colonização descontrolados;
- promoção de projetos modernos de agricultura regenerativa e agro-florestamanto, operado por pequenos produtores, proporcionando, com isso, o acesso a pacotes técnicos adequados, aos critérios e aos mercados;
- ênfase no potencial para industrialização descentralizada, associada à tecnologia de nova geração (especialização flexível), com especial atenção às indústrias de transformação de biomassa e ao seu papel na criação de empregos rurais não agrícolas;
- estabelecimento de uma rede de reservas naturais e de biosfera para proteger a biodiversidade;

e) A sustentabilidade cultural busca, a partir das raízes endógenas dos modelos de modernização e dos sistemas rurais integrados de produção, privilegiados processos de mudanças no seio da continuidade cultural; traduzindo o conceito normativo de eco desenvolvimento em uma pluralidade de soluções particulares, que respeitem as especificidades de cada ecossistema, de cada cultura e de cada local.

Encontrar o equilíbrio entre os interesses econômicos que o turismo estimula e um desenvolvimento da atividade que preserve o meio ambiente não é tarefa fácil, principalmente, porque seu controle depende de critérios e valores subjetivos e de uma política ambiental e turística adequada que ainda não se encontrou no Brasil e em vários outros países (RUSCHMANN, apud RUSCHMANNN, 1997, p. 109).

1.3 Desenvolvimento sustentável

O desenvolvimento humano é uma temática complexa. É um tema difícil, mas não impossível de entendimento. Desenvolvimento humano pode ser definido como função transformadora para perpetuar a espécie humana (SAMPAIO, 2004, p. 13).

Existem outras definições e, até mesmo, aclamações para que o termo desenvolvimento deva ser abolido por insinuar o estilo de vida que enfatiza, sobretudo, a dimensão econômica e, que, consequentemente, cria a polarização societária entre os mais ricos e mais pobres (MORIN, apud SAMPAIO, 2004, p. 13).

O desenvolvimento sustentável surgiu de uma consciência planetária das ameaças embutidas no projeto da civilização industrial tecnológica, explosão demográfica e pobreza, industrialização poluente e uso predatório de recursos naturais no início da década de 70 (SAMPAIO, apud SAMPAIO 2004, p. 19).

Dentro da concepção do novo naturalismo, a relação homem meio ambiente é simbiótica. Essa perspectiva originou-se das terminologias conhecidas como ecodesenvolviemento e desenvolvimento sustentável (SAMPAIO, 2004, p. 20).

A temática do turismo, de certo modo, vem sendo discutida ora como uma atividade tipicamente econômica (muitas vezes, confundida com a terminologia indústria do turismo), ora como uma atividade econômica-socioambiental (SAMPAIO, 2004, p. 20).

Sobre o desenvolvimento da atividade turística, Ouriques (2005, p. 16) faz uma crítica sobre o estudo dessa atividade sob a ótica desenvolvimentista. Para esse autor, "os meios políticos e empresariais capturam e vendem o discurso de que o desenvolvimento do turismo é a grande alternativa para o futuro de muitas localidades brasileiras".

Porém, como setor específico de exploração da força de trabalho, o turismo vem constituindo-se, em escala planetária e no Brasil, em particular, como um dos laboratórios da ofensiva global capitalista. Condições de trabalho precárias, jornadas de trabalho extensas, baixas remunerações, contratos temporários, maior incidência de relações de trabalho à margem da legislação, quase ausência de sindicatos e uso preponderante de mulheres, jovens e crianças. É esse o pano de fundo das relações sociais de exploração do turismo no centro e, principalmente, na periferia do capitalismo contemporâneo. (OURIQUES, 2005, p. 132-133).

O governo local deve assumir uma das funções mais importantes que é a de gerir o território onde se efetiva a atividade turística. Cabe ao poder municipal definir o uso e ocupação do solo, autorizar a instalação de atividades, promover a infraestrutura básica, incentivar as manifestações culturais, dentre outros (FONSECA, 2004, p. 58).

Rodrigues (1997), o qual afirmou que o vocábulo desenvolvimento não pode ser empregado como sinônimo de crescimento, nem tampouco regular a distribuição da riqueza, lembra, ainda, que a economia não é tudo sem eficácia social, pois o crescimento do Produto Interno Bruto (PIB) não pode ser tomado como referencial único para definir o "desenvolvimento" (RODRIGUES, 1997, p. 10).

Rocha, Lima e Feitosa (2008, p. 48) complementam que o desenvolvimento econômico do turismo pode ser viável e constitui o objetivo da maioria dos planos em nível local, regional e nacional, porém seus impactos sociais e ambientais são praticamente inevitáveis. Por isso, torna-se necessário empreender planos de desenvolvimento do turismo que estabeleçam a capacidade de carga das destinações, considerando o equilíbrio entre os efeitos econômicos, sociais, culturais e naturais da atividade.

Tal perspectiva aproxima o sentido de desenvolvimento à escala local, agregando maior preocupação com as consequências ambientais e sociais da sua promoção e as agências de desenvolvimento mais localizadas à medida em que a institucionalidade do desenvolvimento foi mudando, havendo uma maior participação dos agentes locais e regionais, envolvidos na elaboração e condução de projetos (DIAS, 2004, p. 81).

O turismo exerce influência à economia de um local e tem a finalidade de dinamizar os diversos setores da produção envolvidos, tanto do núcleo receptivo quanto do núcleo emissor. É por esse motivo que cidades, regiões e países elaboram planos específicos destinados a promover e a incentivar esse deslocamento temporário de pessoas (BARRETTO, 2003).

O turismo está oportunizando novas estruturas econômicas mundiais e com influências fortíssimas de associações e cooperativas, mudando o cenário econômico internacional (TRIGO, 2003).

Nesse sentido, o Ministério do Turismo envolve a sociedade civil organizada, o poder público e a iniciativa privada, com ênfase na participação das associações, das cooperativas, dos conselhos de turismo, das instituições de ensino, pesquisa e extensão, do Sistema "S" (MINISTÉRIO DO TURISMO, 2003).

1.4 Cooperativas como alternativa socioeconômica para o turismo rural

Para que se possa compreender o cooperativismo e seus princípios, falar-se-á um pouco de sua história. Em dezembro de 1844, nasce a famosa Sociedade dos Probos Pioneiros de Rochdale, na pequena cidade de Rochdale (Manchester, Inglaterra). Considerada a mãe das demais cooperativas, essa sociedade era composta por um grupo de 28 pessoas, na maioria, operários de fábricas de tecelagem inglesas. Após trocarem ideias sobre seus problemas e aflições, esse grupo buscou solução através da ajuda mútua e da solidariedade, criando um "armazém cooperativo" para atender às necessidades de seus membros com estoques de produtos alimentícios e de consumo domésticos, ou outro que surgisse de acordo com a necessidade deles (SINGER, 2002 p. 22).

Com todo empenho, Robert Owen, nas primeiras décadas desse mesmo século, encabeçou uma série de empreendimentos "pré-cooperativistas". Dentre eles está a elaboração e a apresentação ao governo britânico do plano para a construção das Aldeias Cooperativas através do fundo de sustento aos pobres em 1817 (SINGER, 2002, p. 24-26).

Assim, Rochdale despertou a atenção de outros trabalhadores, de estudiosos, de governos, das igrejas cristãs e políticos e seu êxito provocou uma grande expansão do cooperativismo, em sua forma moderna, na Grã-Bretanha; e, em 1881, o número de associados a cooperativas chegava a 547 mil e, em 1900, já eram 1.707 milhão (SINGER, 2002, p. 92).

Dando continuidade na obra, criaram-se, os sete princípios do cooperativismo, sendo as linhas orientadoras por meio das quais as cooperativas levam os seus valores à prática. Aprovaram-se, na Inglaterra (1844), e empregaram-se na época em que se fundou a primeira cooperativa do mundo. Em 1995, na comemoração do seu centenário (em Manchester, Inglaterra), a ACI, além de reafirmar os valores de identidade que caracterizam as cooperativas, atualizou seus principais princípios, quais sejam:

1. Adesão voluntária e livre: as cooperativas são organizações abertas a participações de todos, sem discriminações de gênero, etnia, classe social, opção religiosa ou política; 2. Gestão democrática: as cooperativas são organizações democráticas controladas pelos cooperados (com direito a um voto, independente do número de cotas); 3. Participação econômica dos membros: ou contribuição dos cooperados para o capital das cooperativas, sendo este controlado de acordo com decisão tomada em assembleia geral; 4. Autonomia e independência: a cooperativa é uma empresa autônoma controlada pelos cooperados, que são seus donos; 5. Educação, formação e informação dos associados e do público em geral sobre as vantagens do cooperativismo; 6. Intercooperação: as cooperativas devem manter intercâmbio entre si, em nível local, regional, nacional e internacional; 7. Preocupação com a comunidade: as cooperativas trabalham para o bem-estar

da comunidade, através de projetos aprovados por seus membros. (SESCOOP, 2016).

E assim, a partir da aliança Cooperativa Internacional, em Manchester (1995), adotou-se a Declaração sobre a Identidade Cooperativa, a qual abrange a definição de Cooperativa, listagem dos valores-chave do movimento e um conjunto revisado de princípios pretendidos para orientar e organizar as cooperativas no início do século XXI, tendo como princípios: Adesão Livre e Voluntária; Controle Democrático dos Sócios; Participação Econômica dos Sócios; Autonomia e Independência; Educação, Formação e Informação; Intercooperação; Preocupação com a Comunicação (PHERSON, 2003).

No início do século XX, o cooperativismo chega ao Brasil através dos imigrantes europeus, tomando a forma de cooperativas de consumo na cidade e de cooperativas agropecuárias no campo. As cooperativas de consumo sofreram com o impacto do crescimento das redes de hipermercados no mercado, ocasionando o fechamento da maioria dessas. Por sua vez, as cooperativas agrícolas se expandiram e algumas se transformaram em grandes empreendimentos agroindustriais e comerciais (SINGER, 2002, p. 95).

No Brasil, as cooperativas estão classificadas em 13 ramos de atividade: agropecuário, consumo, crédito, educacional, especial, habitacional, infraestrutura, mineral, produção, saúde, trabalho, transporte e turismo e lazer. A SESCOOP relata que o potencial turístico ainda tem muito a ser explorado no Brasil e representa uma grande oportunidade para os cooperados desse ramo. Criou-se em 2000 e pode prestar serviços turísticos, artísticos, de entretenimento, de esportes e de hotelaria (SESCOOP, 2017).

O início do cooperativismo na classificação turismo se destacou com o turismo rural na década de 80.

O Programa de Turismo Rural Cooperativo incluía a promoção do desenvolvimento de áreas rurais de doze municípios brasileiros, agregando-lhes uma nova fonte de receita advinda da atividade do turismo rural organizado e profissionalizado. O enfoque do turismo rural, ressaltado no programa, "era o seu

caráter complementar, não suplantando ou substituindo as atividades tradicionais da propriedade rural" (SESCOOP, 2016, p. 7).
Existem algumas modalidades de tipologias de turismo rural, por isso é necessário identificá-las. Nesse contexto, cabe, então, destacar que, a partir de Oxinalde (1994), o turismo rural passa a englobar várias modalidades de turismo, que não se excluem, mas se complementam de forma tal que passa a ser a soma de ecoturismo, turismo verde, turismo cultural, esportivo, agroturismo e turismo de aventura. Turismo rural "é o conjunto de atividades turísticas praticadas no meio rural, comprometido com a produção agropecuária, agregando valor aos produtos e serviços e resgatando e promovendo o patrimônio cultural e natural da comunidade" (EMBRATUR, 1999).

Para melhor visualizar-se as possibilidades de turismo e de forma cooperada apresenta-se a cidade de Caçador e suas peculiaridades em relação ao meio ambiente com sua vasta mata atlântica e floresta ambrófila mista, que lhe permite exeburante diferencial e interesse pela pesquisa, bem como suas comunidades de agricultores que têm grande interesse por esses temas, cooperativismo e turismo rural para que possam desenvolver uma nova possibilidade de economia, através da atividade turística.

1.5 Características do Município de Caçador e região

O Município de Caçador tem a predominância de minifúndios ou propriedades familiares, o que caracteriza os espaços rurais, fazendo com que o pequeno proprietário seja um importante ator e de fundamental envolvimento no que diz respeito à possibilidade de conservação e ampliação da cobertura florestal. No entanto, fatores de ordem legal, econômica, técnica e cultural, dentre outros, impedem e dificultam a valorização e utilização da floresta nativa, o que tem causado um aumento nas taxas de desmatamento e o descumprimento à legislação ambiental (ROSOT et al. 2013). Podem-se observar fatores importantes, para todo o Brasil, localizados na jurisprudência do Munícipio de Caçador, de acordo com a utilização do solo na região. Na figura 2 abaixo, é apresentada a área de jurisprudência composta de 41% de uso do solo como agrícola, 34% florestas nativas e 22% como superfície reflorestada. Portanto, cerca de 56% do território é coberto por florestas nativas e plantadas.

Figura 2 – Localização da Jurisprudência do Munícipio de Caçador e utilização do solo

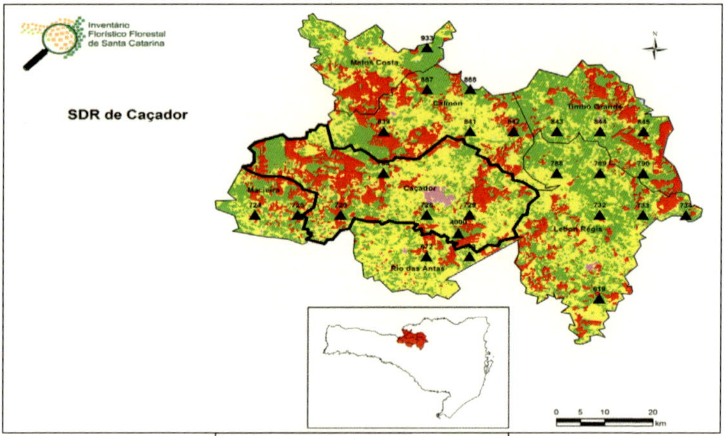

Legenda

Limite dos Municípios (07)

▲ 24 Unidades Amostrais

Uso do Solo (Nature, 2003)	km²	%
Agricultura e Campo	1.715,60	41,75
Cursos d'agua	13,92	0,34
Floresta Nativa	1.412,63	34,37
Mancha Urbana	25,42	0,62
Reflorestamento	940,75	22,89
Sem Classe	1,20	0,03
Total:	4.109,53	100

Fonte: Modificado inventário florístico Florestal de Santa Catarina: SDR Caçador

O município de Caçador está localizado no espaço delimitado para o desenvolvimento da pesquisa na Região Sul do Brasil, no Planalto Ocidental do Estado de Santa Catarina, na zona fisiográfica do Alto Vale do Rio do Peixe, na Microrregião Geopolítica do Contestado. O território municipal situa-se entre os paralelos 26° e 27° de Latitude Sul e entre os meridianos 50° e 52° Oeste (THOMÉ, 1978, p. 14).

A sede do Município está a 26º 46' 31" de Latitude Sul e 51º 00' 46" de Longitude Oeste. Criado em 1934, o Município tinha área superior a 1.600 km2; em decorrência do movimento crescente da urbanização populacional brasileira, vários desmembramentos territoriais ocorreram desde então, ficando o município com 1.219 Km² na década de 1970, correspondendo a 1,26 % da área territorial do Estado de Santa Catarina (THOMÉ, 1978, p. 14) e em meados da década de 1990 com 970 km², equivalente à 1,02 % da área do Estado de Santa Catarina (THOMÉ, 1994, p. 15). Na figura 3 abaixo, mostra-se a localização do Município de Caçador no Mapa de Santa Catarina e do Estado de Santa Catarina localizado no Mapa do Brasil para melhor visualizar.

Figura 3 – Localização do Município de Caçador, Santa Catarina – Brasil

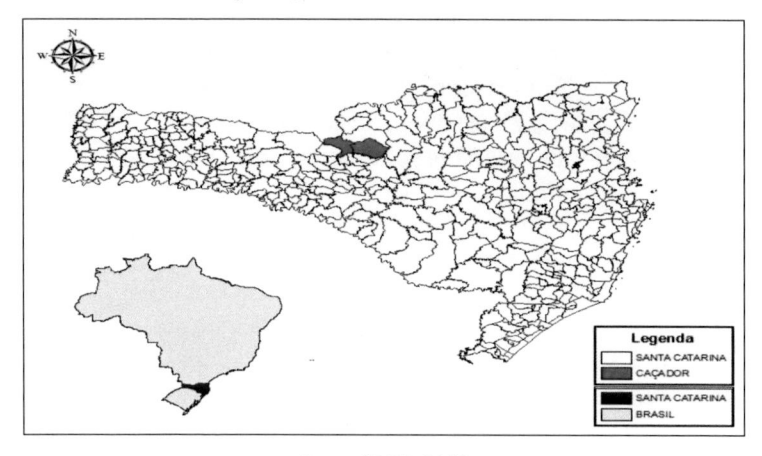

Fonte: IBGE, 2010

Os limites geográficos do Município de Caçador, conforme pode-se constatar na Figura 2, são os seguintes: ao Norte – Nordeste com o Município de Calmon; a Leste, com Município de Lebon Régis; a Sul – Sudeste com o Município de Rio das Antas; ao Sul com os Municípios de Videira e Arroio Trinta; a Sudoeste com o Município de Macieira; a Oeste com o Município de Água Doce; a Noroeste com o Estado do Paraná, Município de General Carneiro (THOMÉ, 1994, p. 14).

A rede hidrográfica pertence à Sub-bacia do Rio do Peixe, integrante da Bacia do Rio Uruguai, e que se estende pela parte meridional do município. No sentido norte-sul, o município é cortado pelo Rio do Peixe que constitui sua maior rede hidrográfica, destacando-se os tributários rios Castelhano, Caçador, XV de Novembro e Veado. A região noroeste de Caçador pertence à bacia do Rio Jangada e o clima de Caçador apresenta inverno frio e seco e verão quente e úmido (THOMÉ, 1994, p. 18).

Predominam os ventos de direção Norte, secundados pelos de direção Nordeste. As chuvas concentram-se mais na primavera e no verão. A temperatura média anual é de 16,6°C, com a máxima absoluta de 38,0°C tendo sido registrada em 06 de janeiro de 1948. "A mínima absoluta, que é recorde em todo o Brasil, aconteceu a 11 de junho de 1952, quando os termômetros apontaram a marca de 14,0°C (quatorze graus abaixo de zero)" (THOMÉ, 1994. p. 28).

Segundo informações da estação meteorológica baseada no Município, com base em dados colhidos entre 1985 e 1995, a média anual da umidade relativa do ar é de 17 78,2%, a insolação média anual é de 2.012,3 horas, a precipitação média anual é de 1.613 mm. e, em média, ocorrem 26,2 geadas por ano, com maior intensidade entre os meses de maio e de setembro (THOMÉ, 1994, p. 28).

Com frondosos pinheiros e imbuias, a primitiva Floresta da Araucária resiste em 14 mil hectares e os reflorestamentos com árvores exóticas, principalmente pinus, alcançam 22 mil hectares. O território municipal possui 36 % de vegetação arbórea, 22 % de campos e pastagens e 16 % da área é utilizada para cultivos agrícolas. O IBAMA mantém, em Caçador, a Floresta Nacional de Caçador próxima à sede do Distrito de Taquara Verde numa área superior a sete milhões de metros quadrados (THOMÉ, 1994, p. 28).

1.5.1 Sistema Nacional de Unidades de Conservação (SNUC) e Floresta Nacional de Caçador

A Floresta Nacional faz parte do Sistema Nacional de Unidades de Conservação (SNUC). O conjunto de unidades de conservação do Brasil de âmbito Federal, Estadual, ou Municipal constituem o Sistema Nacional de Unidades de Conservação da Natureza – SNUC. "A aprovação e adoção do SNUC foram passos fundamentais para que nessas áreas tivessem proteção real e embasada na lei" (COSTA, 2002, p. 26).

A Unidade de Conservação Federal no município – Floresta Nacional de Caçador – é uma das Unidades de Conservação de Uso Sustentável, pertencente ao Instituto Chico Mendes de Conservação da Biodiversidade (ICMBio). De acordo com seus relatos existentes na área, as ações relacionadas com a gestão de grandes fragmentos florestais na região podem se tornar mais eficazes quando tomadas em conjunto. Possui 1.157,40 ha, dos quais 94% apresentam cobertura florestal em variadas condições de conservação e estágios de desenvolvimento, incluindo espécimes imponentes de Araucária angustifólia (pinheiro do Paraná), Cedrela fissilis (cedro) e Ocotea porosa (imbuia) (ROSOT et al. 2013).

O Sistema Nacional de Unidade de Conservação (SNUC) é composto por 12 categorias de UC, cujos objetivos específicos se diferenciam quanto à forma de proteção e usos permitidos: aquelas que precisam de maiores cuidados, pela sua fragilidade e particularidades; e aquelas que podem ser utilizadas de forma sustentável e conservadas ao mesmo tempo (MMA, 2017).

A visão estratégica que o SNUC oferece aos tomadores de decisão possibilita que as UC, além de conservar os ecossistemas e a biodiversidade, gerem renda, emprego, desenvolvimento e propiciem uma efetiva melhora na qualidade de vida das populações locais e do Brasil como um todo (MMA, 2017).

O Sistema Nacional de Unidades de Conservação (SNUC) dividem-se em dois grupos:

a) Unidades de Uso Sustentável têm por objetivo compatibilizar a conservação da natureza com o uso sustentável de parcela dos seus recursos naturais, sendo compostas pelas seguintes categorias: Área de Proteção Ambiental, Área de Relevante Interesse Ecológico, Floresta Nacional e Reserva Extrativista.

b) Unidades de Proteção Integral objetivam preservar a natureza, sendo admitido apenas o uso indireto dos seus recursos naturais, com exceção dos casos previstos por lei (SNUC, 2000). São compostas pelas seguintes categorias: Estação Ecológica, Reserva, Biológica, Parque Nacional, Monumento Natural e Refúgio Silvestre (SNUC, 2000). Segue abaixo o quadro das classes e tipos de uso contemplados por lei e categoria de manejo.

Como se pode acompanhar na figura 4, apresentam-se as classes, principais tipos de uso, contemplados por lei e categoria de manejo do Sistema Nacional de Unidade de Conservação para melhor compreender sua utilização.

Figura 4 – Apresentação das classes, principais tipos de uso contemplados por lei e categoria de manejo do Sistema Nacional de Unidade de Conservação (SNUC)

Classe	Principais tipos de uso, contemplados na Lei no 9.985/2000	Categoria de manejo
Classe 1 – Pesquisa científica e educação ambiental	Desenvolvimento de pesquisa científica e de educação ambiental	Reserva biológica; estação ecológica
Classe 2 – Pesquisa científica, educação ambiental e visitação	Turismo em contato com a natureza	Parques nacionais e estaduais; reserva particular do patrimônio natural
Classe 3 – Produção florestal, pesquisa científica e visitação	Produção florestal	Florestas nacionais e estaduais
Classe 4 – Extrativismo, pesquisa científica e visitação	Extrativismo por populações tradicionais	Reservas extrativistas
Classe 5 – Agricultura de baixo impacto, pesquisa científica, visitação, produção florestal e extrativismo	Áreas públicas e privadas onde a produção agrícola e pecuária é compatibilizada com os objetivos da UC	Reserva de desenvolvimento sustentável; refúgio de vida silvestre; monumento natural
Classe 6 – Agropecuária, atividade industrial, núcleo populacional urbano e rural	Terras públicas e particulares com possibilidade de usos variados visando a um ordenamento territorial sustentável	Área de proteção ambiental; área de relevante interesse ecológico

Fonte: DAP/SBF/MMA, 2009

O Município de Caçador também possui uma expressiva fragmentação da Floresta de Araucária que são as florestas Ombrófila Mista na Estação Experimental da Embrapa de Caçador, local de realização da pesquisa sobre o turismo sustentável.

1.5.2 Empresa Brasileira de Investigação Agropecuária (EMBRAPA) e Estação Experimental de Embrapa de Caçador

Desde sua criação, em 1978, a EMBRAPA colocou um significativo número de tecnologias à disposição do setor florestal brasileiro. Elas permitem melhor eficiência produtiva, a redução dos custos de produção, o aumento da oferta de produtos florestais e agrícolas no mercado e, simultaneamente, conservar o meio ambiente (EMBRAPA, 2017). Na década de 1990, já houve uma tentativa de gestão compartilhada entre Embrapa e EPAGRI da área de estudo com proposição da criação do Parque do Contestado na Estação Experimental da Embrapa (ROSOT et al., 2013, p. 19); no entanto não foi levada adiante a proposta.

A Empresa Brasileira de Pesquisa Agropecuária (Embrapa) foi criada em 26 de abril de 1973 e é vinculada ao Ministério da Agricultura, Pecuária e Abastecimento. Desde a sua criação, assumiu-se um desafio de desenvolver, em conjunto, em parceria com o Sistema Nacional de Pesquisa Agropecuária (SNPA), um modelo de agricultura e pecuária tropical genuinamente brasileiro, superando as barreiras que limitam a produção de alimentos, fibras e energia no país (EMBRAPA, 2017).

Esse esforço ajudou a transformar o Brasil. Hoje, a agropecuária acompanhada pela Embrapa é uma das mais eficientes e sustentáveis do planeta, pois foi incorporada uma larga área de terra degradada dos cerrados aos sistemas produtivos, uma região que hoje é responsável por quase 50% da produção de grãos. Também, quadruplicou-se a oferta de carne bovina e suína e ampliada em 22 vezes a oferta de frango. Essas são algumas das conquistas que tiraram o País de uma condição de importador de alimentos básicos para a condição de um dos maiores produtores e exportadores mundiais (EMBRAPA, 2017).

Brasília abriga a Sede da Embrapa, que é responsável por planejar, supervisionar, coordenar e controlar as atividades relacionadas à execução de pesquisa agropecuária e à formulação de políticas agrícolas. Esse trabalho é realizado por meio de 17 unidades administrativas, também chamadas unidades centrais, que dão suporte à diretoria-executiva da empresa (EMBRAPA, 2017).

A Embrapa tem grande interesse em aliar o turismo ao agronegócio ecológico e turismo rural como fonte de economia e preservação aliada ao turismo social e de pesquisa, de acordo com o presidente da Embrapa Mauricio (2017). Ele acredita no desenvolvimento socioeconômico aliado ao agronegócio, sendo mais uma fonte de renda rural.

Na figura 5, no mapa abaixo, pode-se observar a FLONA em verde e a EMBRAPA em amarelo, rodovias de acesso, centro urbano, rios e cidades fronteiras ao Município de Caçador.

Figura 5 – Imagem de satélite do Município de Caçador com sobreposição de rodovias, centro urbano, rios, Estação Experimental da Embrapa e Floresta Nacional de Caçador – SC

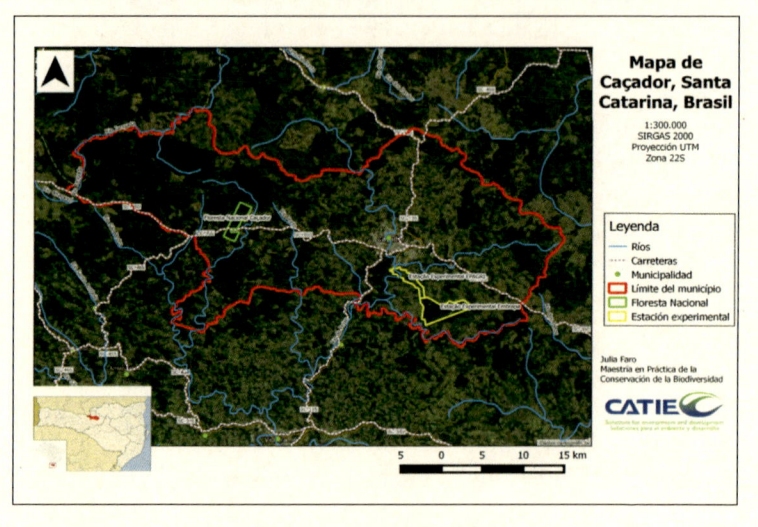

Fonte: FARO, 2014, p. 26

1.6 Bosque Modelo
1.6.1 Rede Internacional de Bosque Modelo (RIBM)

O conceito de Bosque Modelo nasceu na década de 90 quando o governo do Canadá buscava uma alternativa ao conflito nas zonas de florestas que as empresas concessionárias florestais e as comunidades residentes mantinham para o manejo e uso dos recursos naturais (ROSOT et al., 2014, p, 5).

Bosques Modelo são florestas, áreas onde as pessoas se organizam e participam para gerir suas florestas e recursos naturais para o desenvolvimento sustentável em conjunto, constituem, assim, um modelo de governança para a gestão da terra comum e acordado pelos diversos segmentos da sociedade (RIABM, 2014).

Há uma série de benefícios em fazer parte de um Bosque Modelo como, *networking*, formação de alianças estratégicas, redução e mediação de socioambiental, a democratização das prioridades, ter uma informação catalisadora, fórum e oportunidades para debates, evitar a duplicação de esforços, facilitar a defesa, o desenvolvimento de projetos comuns e de mobilização de recursos (ROSOT, et al., p. 28-29). Embora cada bosque modelo seja único, todos eles compartilham seis princípios fundamentais: 1. A filiação de base ampla; 2. Trabalho em uma escala de paisagem; 3. Compromisso com a sustentabilidade; 4. Ter boa governança; 5. Criar um programa de entretenimento e 6. Compromisso com a transferência de conhecimento, formação e *networking* (FARO, 2014, p. 2).

Cada Bosque Modelo deve definir suas próprias prioridades de programação e estrutura de governança, estando os mesmos entrelaçados mediante uma filosofia comum. De acordo com RIBM (2015) todos os Bosques Modelo compartilham seis princípios essenciais que dão coerência ao programa e conformam as bases do trabalho em rede (RIBM, 2016):

> 1) Afiliação de base ampla. Qualquer pessoa ou entidade privada, governamental, ONG, associações, cooperativas, e outros, tem a livre escolha de participar de um bosque modelo.
> 2) Escala de paisagem. Todos os Bosques modelo estão delimitados a uma área e esta área tem suas características singulares. Pode ser um serrado, litoral, área com grandes características florestais, e outros.

3) Compromisso com a sustentabilidade. Todo Bosque Modelo deve ter como um dos objetivos o compromisso com a sustentabilidade ambiental, social, econômica, espacial e cultural, para que novas gerações possam usufruir das condições atuais.
4) Governabilidade adequada. Cada Bosque tem sua forma de governar e gerir de forma sustentável sua floresta. Como cada bosque modelo é independente a melhor forma vai depender muito da cultura e da paisagem do bosque modelo.
5) Amplo programa de atividades. Os Bosques Modelos em pró do desenvolvimento socioeconômico sustentável, atribui aos moradores locais, nova oportunidade de mão de obra e atividades econômicas, como por exemplo, caminhadas, observação de pássaros, analises das espécies em extinção, programas de reflorestamento, programas de desenvolvimento de filtros naturais, forças naturais, e várias formas de desenvolvimento sustentável.
6) Compromisso com a transferência de conhecimentos, a geração de capacidades e o trabalho em redes. Os Bosques Modelos são fiéis no que diz respeito a troca de informações, pode ser através dos encontros anuais, conferências, e-mails, redes sociais e outras, facilitando o conhecimento para as novas pesquisas e exemplos para serem seguido, de acordo com as singularidades de cada Bosque Modelo.

Podem-se observar grandes semelhanças entre os princípios do Cooperativismo e do Bosque Modelo, como aparece na Figura 6 abaixo.

Figura 6 – Comparação dos princípios dos Bosques e do cooperativismo

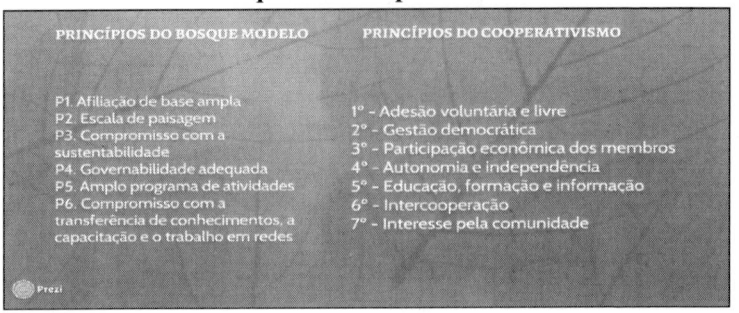

PRINCÍPIOS DO BOSQUE MODELO	PRINCÍPIOS DO COOPERATIVISMO
P1. Afiliação de base ampla P2. Escala de paisagem P3. Compromisso com a sustentabilidade P4. Governabilidade adequada P5. Amplo programa de atividades P6. Compromisso com a transferência de conhecimentos, a capacitação e o trabalho em redes	1º – Adesão voluntária e livre 2º – Gestão democrática 3º – Participação econômica dos membros 4º – Autonomia e independência 5º – Educação, formação e informação 6º – Intercooperação 7º – Interesse pela comunidade

Fonte: Autora (2017)

Um "Bosque Modelo" (BM) pode ser definido como um processo de base social, em que grupos que representam uma diversidade de atores trabalham conjuntamente visando ao desenvolvimento sustentável de uma paisagem ou território onde a floresta desempenha um papel importante. Pode-se observar, na figura 7, uma tríplice relação entre paisagem, aliança e sustentabilidade. Para que seja possível a implantação de um bosque modelo são necessários esses três fatores fundamentais em uma localidade (ROSOT, 2014, p. 6).

Figura 7 – Quadro da tríplice aliança dos Bosques Modelo

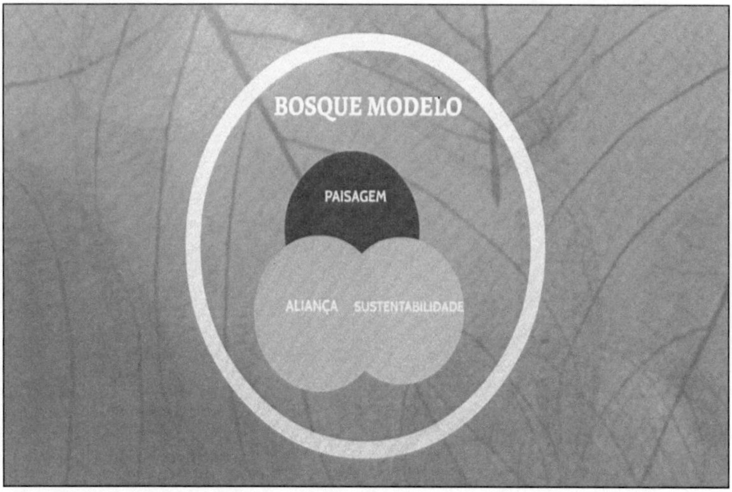

Fonte: Adaptado pela Autora (2017)

Os bosques modelo, além de serem plataformas de governação, são parte de outra estrutura de governação em nível regional e internacional. Existem seis redes regionais que compõem o Modelo de Rede Floresta Internacional (IMFN): a Rede Ibero-Americana, a Rede Mediterrâneo, a Rede Africano, a Rede Asiática, a Rede Circumboreal e a Canadense. Pode-se observá-las, na figura 8, como mostra no mapa mundial das redes de bosques modelo (RIBM, 2016).

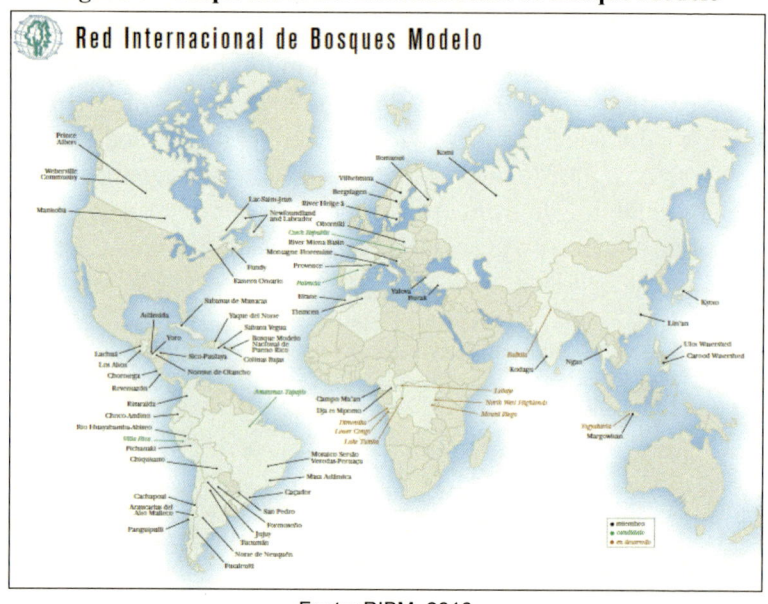

Figura 8 – Mapa das redes Internacionais de Bosque Modelo

Fonte: RIBM, 2016

Entre as regionais de bosques modelo, o Brasil faz parte da rede Ibero-Americana.

Os Bosques Modelo da América Latina fazem parte da rede Ibero-americana de Bosques Modelo (RIABM), a partir de uma aliança voluntária, que reúne 15 países da América Central, América do Sul, Caribe e Espanha, para gerir o conhecimento e a troca de experiências. Essa parte da rede gera maior visibilidade internacional, o reconhecimento, a participação em fóruns internacionais, troca de experiências, oportunidades de formação, possibilidades de assistência técnica e financiamento. (RIABM, apud, FARO, 2014, p. 2).

1.6.2 Rede Ibero-americana de Bosques Modelo (RIABM)

A RIABM é sediada no Centro Agronômico Tropical de Investigação e Educação – CATIE, desde 2005, na Costa Rica, onde estabelece uma aliança voluntária entre os Bosques

Modelo, respaldada por representações governamentais de cada país membro.

A RIABM conta com apoio técnico de profissionais do CATIE e, desde 2005, o Presidente do Diretório é o Diretor da Cátedra Latino Americana de Gestão Florestal Territorial do CATIE. Esta equipe está dedicada a facilitar o trabalho em rede de Florestas Modelo, procurando sua comunicação permanente, a transferência de conhecimentos, a colaboração, a capacitação, a coordenação de eventos locais, a preparação e implementações de projetos regionais e ocasionalmente o apoio financeiro para a realização de certas atividades nas Florestas Modelo, todos esses trabalhos são realizados a partir de Alianças Estratégicas (RIAMB, 2015).

De acordo com a Rede Internacional de Bosques Modelo (RIABM, 2015), em 2015, estavam em funcionamento as Redes Asiática, Africana, Mediterrânea, Boreal e Ibero-americana de Florestas Modelo, além de várias redes nacionais. A RIABM apresenta o crescimento mais acelerado de territórios com processos de governança que cumprem com os princípios e atributos dos Bosques Modelo.

A RIABM, atualmente, engloba 29 territórios em 15 países da América Central, América do Sul, Caribe e Espanha, somando mais de 30 milhões de hectares. O crescimento da RIABM dá-se pelo frequente interesse de adesão e novas iniciativas de gestão ambiental colaborativa que participam do intercâmbio de experiências, aprendizagens, desenvolvimento sustentável e a formação de capacidades de gestão. Pode-se observar, na figura 9, no mapa da rede Ibero-americana de Bosques Modelo, a presença de Bosques e países que fazem parte da rede. O Brasil aparece com três Bosques, sendo um em Santa Catarina, o Bosque Modelo Caçador, e existem dois outros em Minas Gerais, que são o Mata Atlântica e o Mosaico do Sertão Veredas-Peruaçu anteriormente conhecido como Pandeiros (FARO, 2014, p. 4).

Figura 9 – Países e Bosques Modelo membros da Rede Ibero-americana de Bosques Modelo

Los Bosques Modelo de Iberoamérica

Guatemala
1. Lachuá
2. Los Altos

Honduras
3. Atlántida
4. Yoro
5. Sico-Paulaya
6. Noreste de Olancho

Costa Rica
7. Reventazón
8. Chorotega

Colombia
9. Risaralda

Ecuador
Sitio en desarrollo

Perú
Sitio en desarrollo

Bolivia
10. Chiquitano

Chile
11. Cachapoal
12. Alto Malleco
13. Panguipulli
14. Chiloé

España
15. Urbión

Cuba
16. Sabanas de Manacas

Puerto Rico
17. Tierras Adjuntas

República Dominicana
18. Sabana Yegua
19. Yaque del Norte
20. Colinas Bajas

Brasil
21. Mosaico Sertão Veredas-Peruaçu
22. Mata Atlântica
23. Caçador

Paraguay
Sitio en desarrollo

Argentina
24. Jujuy
25. Formoseño
26. San Pedro
27. Tucumán
28. Norte de Neuquén
29. Futaleufú

Fonte: RIABM, 2014

1.6.3 Implantação do Bosque Modelo Caçador (BMCDR)

O processo de construção e consolidação do Bosque Modelo Caçador no município de Caçador (BMCDR) iniciou-se em 2008 pela Embrapa Florestas (Brasileira de Pesquisa Agropecuária), instituição de pesquisa federal em questões florestais. Tal interesse surgiu devido ao fato de que Florestas Embrapa têm uma Estação Experimental de Caçador, representando uma das mais importantes peças de Floresta Ombrófila Mista no estado de Santa Catarina, que tem o objetivo de conservação e pesquisa. Em 2013, a proposta Caçador Modelo Floresta foi oficialmente aprovada pelo conselho da Ibero-americano Modelo de Rede Floresta (EMBRAPA, apud, FARO, 2014, p. 4).

Assim, a ideia da criação de um Bosque Modelo (BM) em Caçador surgiu em 2006, por ocasião da realização do Congresso *Internacional Union of Forest Research Organizations* (IUFROLAT) no Chile, quando os membros da Equipe do Projeto de Pesquisa da EMBRAPA souberam da existência da Rede de Bosques Modelo. No ano de 2007, houve discussões com membros do Conselho da RIABM no Centro Agronômico Tropical de Investigação e Educação (CATIE). A área aproximada do município de Caçador é de 98.000 hectares e área núcleo do Bosque Modelo Caçador, Estação Experimental da Embrapa, é de 1.157 hectares.

O processo de construção e consolidação do Bosque Modelo Caçador, (BMCDR) de acordo com Faro (2014, p. 4), deu-se devido à grande influência da EMBRAPA Florestas, interessada em investigar os temas relacionados à floresta, em razão dos estudos feitos na Estação Experimental da Embrapa em Caçador (EEEC), que representa um dos fragmentos mais importantes da floresta Ombrófilo Misto no estado de Santa Catarina. Em 2013, a proposta do Bosque Modelo Caçador foi aprovada oficialmente pelo Diretório da Rede Ibero-americana de Bosques Modelo (RIABM) que congrega os 29 Bosques Modelo da América Central, do Sul, Caribe e Espanha.

O BMCDR tem como objetivo:

> Maior a gestão territorial sustentável da paisagem florestal, já que Caçador é um município com notória vocação e tradição florestal. No entanto, todo Bosque Modelo possui como missão o aumento do nível e da qualidade de vida das populações envolvidas no uso e manejo de recursos naturais, ou seja, o processo também visa o desenvolvimento humano sustentável. Espera-se que as ações desenvolvidas no âmbito dessa iniciativa coordenada pela

Embrapa Florestas possam promover uma mudança efetiva de paradigma no que se refere ao uso e à conservação de áreas localizadas nas regiões da Floresta com Araucária (ROSOT et al., 2013, p. 6).

Segundo a Fundação Municipal do meio ambiente (FUNDEMA, 2013) o município de Caçador é localizado com altitude média de 1000 metros acima do nível do mar, tendo divisa com os municípios de Calmon, Lebon Régis, Rio das Antas, Videira, Arroio Trinta, Macieira e Água Doce, e com o Estado do Paraná. Sua área urbana contém 22 bairros, com um distrito, Taquara Verde, com área urbana não subsidiada em bairros. Conforme Lei Ordinária nº 1192 de 22 de outubro de 2012, mantendo-se na elaboração do Plano Diretor, o perímetro urbano de Taquara Verde não está legalmente constituído, embora o IBGE o tenha setorizado.

A área do Bosque Modelo Caçador tem a predominância de minifúndios ou propriedades familiares, o que caracteriza os espaços rurais, fazendo com que o pequeno proprietário seja um importante ator e de fundamental envolvimento no que diz respeito à possibilidade de conservação e ampliação da cobertura florestal. No entanto, fatores de ordem legal, econômica, técnica e cultural, dentre outros, impedem e dificultam a valorização e utilização da floresta nativa, o que tem causado um aumento nas taxas de desmatamento e o descumprimento à legislação ambiental (ROSOT et al., 2013).

De acordo com a EMBRAPA, a restrição ao manejo do recurso florestal, entretanto, tem causado, em muitos casos, o empobrecimento e degradação dos fragmentos florestais e, no que diz respeito às restrições legais ao manejo de florestas, a EMBRAPA identifica que uma série de práticas comuns na agricultura familiar passaram a ser detalhadas como possíveis pela Lei Nº 11.428.

No caso da araucária, uma alternativa para suplantar as restrições legais e estimular o seu plantio é o desenvolvimento de Sistemas Agroflorestais (SAFs) que integrem a espécie aos sistemas tradicionais de produção dos agricultores familiares. Desse modo, é possível estimular o seu plantio para fins de produção madeireira e/ou da exploração de pinhões, contribuindo para a conservação da espécie (ROSOT et al., 2013).

No aspecto ambiental, estudos demonstram que a FOM se encontra menos fragmentada justamente onde predomina a agricultura familiar. Pesquisas identificaram que um dos elementos responsáveis pela manutenção destes fragmentos é a forma de organização e exploração tradicional da terra pelos agricultores familiares por meio de seus sistemas de produção que ainda mantém fortes vínculos com o ambiente natural (ROSOT et al,. 2013).

Para que o Bosque Modelo Caçador pudesse tornar-se uma realidade, vários atores locais tiveram uma participação inicial no processo, como ADAMI S.A, Forestal privado, Associação Dois Apicultores Caçador (ACAP), Agro Florestal Associação Aliança, Associação Empresarial de Caçador (ACIC), Associação Comercial e Industrial de Caçador, Comitê de Gerenciamento da Bacia do Rio do Peixe Basin, Órgão vinculado à Secretaria de Estado de Desenvolvimento Econômico Sustentável de Santa Catarina, Cooperativa Regional Integração Caçador (CooperIntegra), Embrapa Florestas (Laboratório de Monitoramento Ambiental), Pesquisa Agropecuária e Extensão Rural de Santa Catarina (EPAGRI), Reflorestadora empresa Caçadorens, Fundação Meio Ambiente fazer (FATMA), FUNDEMA (Fundação Municipal Ambiental), FRAMEPORT *Group* (Quadro Madeiras Especiais Ltda.), Museu do Contestado, ONGs Gato do Mato, Polícia Militar Ambiental, Prefeitura Municipal Caçador, Rede Ecovida, Associação. Reflorestadora SINCOL Ltda (FARO, 2014, p. 8-11).

Além desses grupos, outros compostos por produtores, agricultores e cidadãos, associações participaram do processo de elaboração do Modelo Floresta Caçador, representando suas próprias convicções e a procura de um território com mais qualidade de vida dos atores Modelo Conselho Floresta Caçador.

Elaborou-se um Plano Estratégico para o Bosque Modelo Caçador, que é um instrumento de ação a longo prazo e uma orientação consensual que procura alcançar no território para que se esteja sempre presente em atividades de planejamento (FARO, 2014, p. 108). No entanto, além do Plano Estratégico, a Floresta Modelo deve implementar um plano anual que define metas e atividades em um período mais curto de acordo com recursos e capacidades existentes. De acordo com os estudos realizados por Julia Faro (2014, p. 61), o Bosque Modelo Caçador oferece diversas oportunidades e ameaças; entre elas estão:

a) Oportunidade:
- Turismo rural;
- Ecoturismo;
- Saúde preventiva;
- *Better Life*: cultural, de saúde;
- Extensão Rural;
- Valorização da identidade cultural local;
- *Research* trabalha em conjunto com a gestão da propriedade integrada;
- Reflorestamento pesquisa empregos e empresas;
- Integração da Universidade e pesquisa no campo;
- Integração dos Corredores Ecológicos para BMCDR;
- Trabalho com a apicultura;
- Desenvolvimento de incentivos econômicos para a conservação (PSA);
- Fortalecimento dos sistemas agroflorestais;
- Orientação legal do manejo florestal e produção agrícola;
- Diversidade de produção;
- Roda dentada Produção, companheiro e, geralmente, sementes;
- Gestão de Araucária.

b) Ameaças:
- Legislação florestal que impede a gestão de floresta nativa;
- Hailstorm destrói culturas;
- Mudança climática afeta a produção agrícola e florestal;
- Êxodo rural, afetando a agricultura familiar;
- Pinus spp MONOCULTURA afetando a diversidade de produção;
- Recolhimento de pinhão desorganizado impede a regeneração natural;
- O uso de agrotóxicos na produção agrícola.

Após de análises diversas entre pontos fortes e fracos, criaram–se visão e missão do Bosque Modelo Caçador, como segue (FARO, 2014, p. 64):

a) Visão Modelo Floresta Caçador:
"Sendo um território onde a identidade e a cultura local são valorizadas e procuradas desenvolvimento sustentável através da paisagem integrada e educação ambiental, proporcionando melhor qualidade de gestão da vida."

b) Missão Modelo Floresta Caçador:
"Proporcionar uma melhor qualidade de vida e preservação do meio ambiente através de uma gestão participativa da terra, fortalecimento da agricultura familiar e identidade cultural, bem como melhoria, conservação e uso dos recursos florestais e hídricos". Depois de definir a visão e a missão do BMCDR, o próximo passo no desenvolvimento do Plano Estratégico foi definir como implementá-los. Há muitas demandas para o desenvolvimento sustentável e os Bosques Modelo são livres de escolher o seu campo de trabalho, mas é muito importante para definir quais são as questões-chave para os esforços conjuntos em um determinado período de tempo entre 4 a 5 anos (FARO, 2014, p. 64).

Em uma plenária, escolheram-se linhas de ação: a valorização da identidade local; Utilização e conservação de Misturado Floresta Ombrófila (FOM); Uso e conservação dos recursos hídricos e da promoção e divulgação de BMCDR.

As linhas estratégicas foram priorizadas não só de acordo com o interesse dos participantes, mas também para a capacidade existente para trabalhar com essas questões. Educação e pesquisa ambiental se fariam transversalmente presentes em todas as linhas estratégicas (FARO, 2014, p. 65).

Para concluir, o Bosque Modelo Caçador, com a finalidade de promover o uso e conservação da Floresta Ombrófila Mista e promoção da gestão florestal sustentável, particularmente no caso de BMCDR, deve refletir e conscientizar todo ser humano sobre a intocabilidade de espécies florestais para a conservação ambiental e sua preservação às gerações futuras.

CAPÍTULO 2
MATERIAIS E MÉTODOS

Neste capítulo, apresentam-se os materiais e os métodos para a determinação da área de estudo para o turismo sustentável, descrição e definição de técnicas de estudo da capacidade de carga da área escolhida para o turismo sustentável, construção e validação de um questionário sobre a importância do turismo sustentável através do Bosque Modelo Caçador.

2.1 Tipo de estudo

Este estudo é caracterizado como Misto, pois utiliza a abordagem qualitativa e quantitativa dentro de uma única pesquisa. De acordo com Morse (2003, p. 189), Onwuegbuzie e Johnson (2004), Onwuegbuzie e Leech (2006) os estudos Mistos se referem a um único estudo, que utiliza estratégias múltiplas ou mistas para responder às questões de pesquisa e/ou testar hipóteses. Tais estratégias são implementadas concomitantemente ou sequencialmente.

2.2 Caracterização da área de estudo

A área de estudo do turismo sustentável é representada pela Estação Experimental da Embrapa em Caçador (EEEC), localizada na região centro-oeste do estado de Santa Catarina, entre as coordenadas geográficas 50°05' e 51°00' de Longitude Oeste de Greenwich e de 26°50' e 26°55' de Latitude Sul. Como mostra a figura 10 abaixo, evidencia-se a localização da Estação Experimental da EMBRAPA em Caçador – SC.

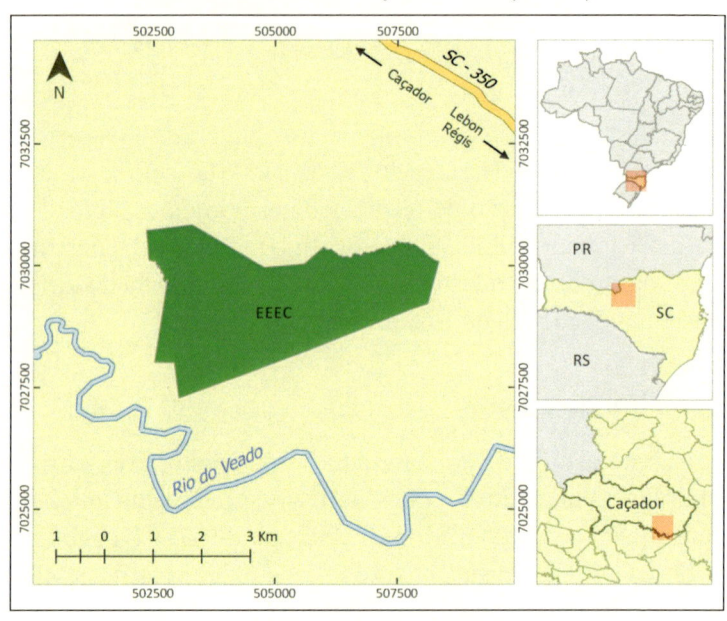

Figura 10 – Mapa de localização da Estação Experimental da EMBRAPA em Caçador – SC (EEEC)

Fonte: ROSOT et al. 2013

Este imóvel compreende uma área de aproximadamente 1.157 hectares de cobertura florestal, em variadas condições de conservação, sendo um dos maiores e mais importantes remanescentes contínuos com vegetação característica da região fitogeográfica Floresta Ombrófila Mista, tanto em termos de diversidade de espécies quanto em extensão (ROSOT et al., 2013, p. 17).

2.3 Análise dos objetivos da área protegida e critérios dos caminhos agroflorestais

A partir dos caminhos agroflorestais, analisaram-se os objetivos principais desta área e suas categorias de manejo através de pesquisas já existentes, facilitando o andamento da pesquisa de capacidade de carga turística. Essas categorias de manejo permitem saber quais atividades são ou não aceitáveis em uma área (CIFUENTES, 1992).

Os caminhos agroflorestais são Sistemas Agroflorestais (SAFs), que podem ser definidos como sistemas de uso da terra, que envolvem a combinação de cultivos simultâneos e/ou sequenciais de espécies arbóreas nativas e/ou introduzidas com culturas agrícolas, hortaliças, fruteiras e/ou criação de animais (RODIGHERI, apud MARAN, 2016, p. 69). Constituem-se, de igual modo, em uma alternativa de uso da terra para aliar a estabilidade do ecossistema visando à eficiência e à otimização de recursos naturais na produção de forma integrada e sustentada (SANTOS; PAIVA, apud MARAN, 2016, p. 69).

As visitas de campo, estudos através de mapas, informações dos pesquisadores da EMBRAPA, os encontros dos membros do Bosque Modelo Caçador, agricultores, apicultores e experiência da pesquisadora em desenvolvimento de planejamento turístico auxiliaram na escolha do caminho a ser percorrido, o qual será analisado parcialmente. Podem-se observar, na Figura 11, os caminhos agroflorestais distribuídos em diferentes classes de solos na área da "roça", que possibilitaram a análise da capacidade de carga em um de seus caminhos.

Figura 11 – Distribuição das diferentes classes de solo na área da "roça"

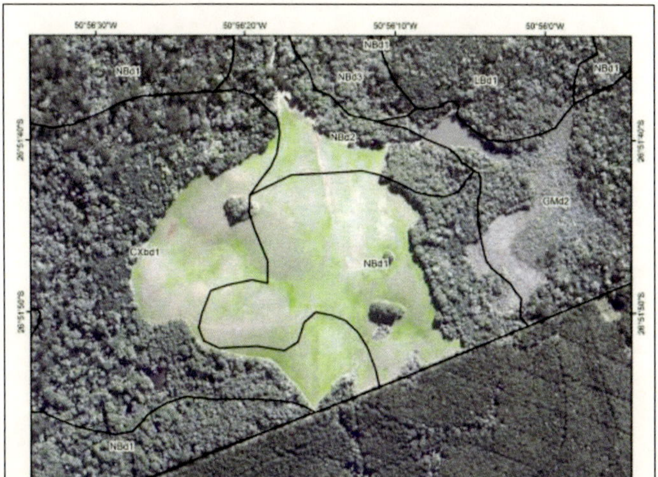

Fonte: RADOMSKI; LACERDA; KELLERMANN, 2014

2.4 Cálculo da capacidade de carga turística da área agroflorestal escolhida

Para o cálculo da capacidade de carga turística, a área foi delimitada, percorrendo a trilha que sai do Galpão e vai até o Pinheirão com 830 metros. Essa área delimitada é denominada de "roção" e composta de 12 hectares aproximadamente, conforme aparece na figura 11.

A coleta inicial de informações para a determinação da capacidade de carga turística na área delimitada do presente estudo realizou-se através do programa como Google Ebert Pro, entre outras imagens e dados de pesquisas de satélites coletados pela EMBRAPA e outros pesquisadores. Isso gerou suporte na sustentação das informações geográficas.

Além disso, a EMBRAPA de Caçador, orientou sobre a escolha da área, bem como forneceu dados para que, posteriormente, os cálculos fossem apurados e adaptados à amostra da pesquisa. A figura 11 mostra a área delimitada para a determinação da capacidade de carga turística da trilha que vai do "Galpão" até o "Pinheirão". Esse está localizado no círculo amarelo, que aparece no final da trilha na imagem abaixo.

Figura 12 – Mapa de localização da amostra da pesquisa e acessos

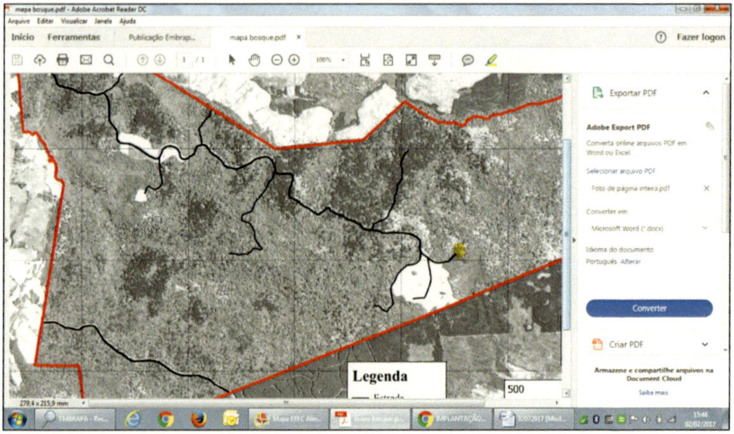

Fonte: Autora (2017)

Após as análises iniciais para a determinação da capacidade de carga turística da área escolhida, utilizaram-se os procedimentos e as metodologias propostos por Cifuentes (1992) a fim de avaliar a Capacidade de Carga Física (CCF), Capacidade de Carga Real (CCR) e a Capacidade de Carga Efetiva (CCE). Esses cálculos também consideraram características como impedimentos temporários de visitas, fatores sociais dos visitantes e interesse de visita, acessibilidade, possibilidades de erosão, mal tempo e prováveis distúrbios da biodiversidade. Os dados de campo foram coletados entre 18 de dezembro de 2016 a 16 de fevereiro de 2017.

Abaixo no quadro 1, relacionam-se os fatores da capacidade de carga turística distribuídos nas suas três categorias.

Quadro 1 – Quadro das capacidades de carga turística física, real e efetiva

CCF	CCR	CCE
Espaço físico de cada caminho (trilha) relacionado ao espaço ocupado por um grupo em um tempo determinado.	**Fatores ambientais:** – Precipitação; Questões ambientais **Fatores físicos:** Erosão; Acessibilidade. **Fatores biológicos. Fatores de manejo:** Fechamento para manutenção.	Valores entre o atual e o ideal para: **Infraestrutura:** Banheiros; Lixeiras seletivas; Placas internas e/ou interpretativas; Espaço de degustação /lanche. **Pessoal:** Condutores. **Manutenção Logística. Turismo.**

Fonte: Autora (2017)

2.4.1 Avaliação da Capacidade de Carga Física (CCF)

A CCF é o limite máximo de visitantes que pode haver em um local com espaço definido em um tempo determinado. A avaliação realizou-se através da seguinte fórmula:

$$CCF = \frac{S \times T}{s.v. \ t.v} = CCF = \frac{830m^2 \times 6 \text{ horas}}{2m^2 \times 6 \text{ horas}} = 415 \text{ pessoas por dia}$$

Onde: S = área total de visitação
s.v = área ocupa por um visitante
T = tempo total em que a área está aberta
t.v. = tempo necessário para visitar o local

O cálculo da CCF baseou-se em alguns critérios e suposições básicas que foram: a) estimou-se que uma pessoa normalmente ocupe um espaço de 2m² para mover-se livremente; b) a superfície disponível foi determinada pelo tamanho da trilha, 830 metros quadrados, de acordo com a condição do local escolhido, podendo ter limitações por razões de seguridade ou fragilidade; c) o fator tempo estimado, que leva em consideração o horário de visita e do tempo real que se necessita para visitar o lugar que é de 6 horas.

Cálculo: $\text{CCF} = \dfrac{830\text{m}^2 \times 6 \text{ horas}}{2\text{m}^2 \times 6 \text{ horas}} = 415$

CCF= 415 pessoas por dia

2.4.2 Avaliação da Capacidade de Carga Real (CCR)

A CCR é o limite máximo de visitas e determinou-se a partir da CCF da área agroflorestal escolhida pelo presente estudo. Inicialmente, para a realização do cálculo da CCR, utilizaram-se fatores de correção definidos em função das características particulares da área escolhida. Esses fatores de correção são denominados Fatores Limitantes (Fl), que consideraram variáveis físicas, ambientais, ecológicas, sociais e de manejo, que afetam ou impedem a visitação da área escolhida para o estudo.

2.4.2.1 Fator Limitante Precipitação

Uma vez que pode dificultar o acesso a certos pontos da propriedade ou mesmo na visitação geral, faz-se a média da quantidade de dias que, devido às chuvas, à disponibilidade em atender aos visitantes, ou à indisponibilidade atual de mais pessoas específicas para esse fim.

A quantidade total (Qt), dias da semana, que a estação experimental da Embrapa abre para a pesquisa externa é de duas vezes semanais quando possível. Como não há profissionais disponíveis para acompanhar os pesquisadores especificamente para esse fim, não há dias fixos para a visita, por isso não se fez uma média de pesquisadores que recebem por mês, pois esse número varia muito de mês a mês.

A EMBRAPA trabalha com agendamentos extremamente controlados e com fins específicos à pesquisa. Para a quantidade limitante (Ql) de dias anuais de visitas na EMBRAPA, são possíveis 96 dias de atendimento aos pesquisadores visitantes de acordo com relatos de pesquisadores da Embrapa, podendo variar.

A seguinte fórmula foi utilizada:

$Qt \div Ql \times 100 = Fl$ (%).

Cálculo: $2 \div 96 \times 100 = 2,8$

Como os períodos de chuva na Cidade de Caçador são intensos e a média de visita é em torno de três meses no ano. De acordo com a Embrapa, ter-se-á uma média de 30 dias de chuva, o que pode atrapalhar a visita de acordo com manifestações de erosões e tipo de acessibilidade apresentada durante e pós chuva.

A seguinte fórmula foi utilizada:

$Qt \div Ql \times 100 = Fl$ (%).

Cálculo: $30 \div 96 \times 100 = 31\%$
(31% dos 96 dias podem sofrer mudanças).

2.4.2.2 Fator Limitante Erosão

Como o caminho da estrada para chegar à área agroflorestal é de 5 km de solo argiloso e no meio da mata, apresentando muitas sombras e exposto a erosões, bem como o caminho da trilha analisada que possui 830 metros, que vai do Galpão até o Pinheirão. Ambos, de acordo com a Embrapa, possuem solo é argiloso e por isso muito propenso a erosões, o que pode limitar a visitação, que poderá gerar danos ao ambiente e colocar os visitantes em situação de vulnerabilidade.

De acordo com Cifuentes (1992), existem três níveis de gama de inclinação de uma trilha para essa se tornar viável. Analisam-se a inclinação e a textura do solo para se tornar viável a ser percorrido uma trilha, que são:

a) Menor de 10%;
b) Entre 10% e 20%;
c) Maior que 20%.

Cada tipo de solo apresenta diferentes respostas às condições físicas impostas pelo tempo bem como pelo seu uso. A suscetibilidade dos solos à erosão é medida pelo grau de Erodibilidade (Fator K) dos solos. Com base nesses dados, pode-se averiguar a parcela de solo que está sujeita ou propensa à erosão. Como o clima é muito chuvoso em Caçador, há probabilidade de erosão frequentes no caminho que leva até a trilha analisada. Cifuentes (1992) apresenta a identificação de classificação dos tipos de solo, como segue:

a) cascalho e areia;
b) limo;
a) argila.

Quadro 2 – Níveis de Erosividade

Solo	Inclinação		
	< 10%	10% – 20%	> 20%
Cascalho e areia	Baixo	Médio	Alto
Limo	Baixo	Alto	Alto
Argila	Baixo	Médio	Alto

Fonte: Cifuentes, 1992

Nesse cálculo, usa-se para a acessibilidade difícil indicador de magnitude limitante da ordem de 1,5 e para a acessibilidade de média magnitude, o fator é de 1,25; já para grau baixo, o valor usado foi 01 (um), sendo 85 metros de trilha com magnitude média. Utilizaram-se esses dados para calcular o nível de erosão da trilha.

Fatores de Erosão

$Ml = (85 \text{metros}) \, 1{,}25 = 102$
$Mt = 830$ metros de trilha

A seguinte fórmula foi utilizada:

$$Fl = \frac{102m}{830m} \times 100 = 12\%$$

$Fl (\%) = 12\%$

2.4.2.3 Fator Limitante Acessibilidade

Como citado anteriormente, o trajeto que deve ser percorrido de carro até o ponto de parada, que é de 5 km, vai desde Lago do Portão até a agroflorestal, e é de difícil acesso e de estrada de chão, limitando a visita se o tempo estiver chuvoso.

Tem-se por base metodologia de Cifuentes (1992) para o cálculo desse fator. Segundo o autor, é considerado que declividades inferiores a 10% têm uma dificuldade de acesso de grau baixo entre 10 a 20%, médio e o acesso mais difícil ao visitante com inclinações superiores a 20%. Utilizou-se o grau de declividade para calcular a acessibilidade.

A seguinte fórmula foi utilizada:

$$Fl = \frac{83}{830} \times 100 = 10\%$$

2.4.2.4 Fator Limite Ambiental

Esse fator é fundamental pelas características da área de estudo, que está intimimente ligada a pesquisas agroflorestais. Esse cálculo tem como objetivo, de acordo com Cifuentes (1992), minimizar os impactos ambientais sem sobrecarregar o ambiente. O fator limite ambiental é representado pela Quantidade limitante (Ql) Ambiental, que é o total das variáveis ambientais que a propriedade não contempla. Então Ql = 10
Relacionaram-se dez variáveis:

a) Sistema para captação de água da chuva para o galpão;
b) Sistema de esgoto e efluentes ecológico;
c) Separação do lixo;
d) Reciclagem de lixo;
e) Uso de madeiras para construção de locais sustentáveis para dar suporte aos pesquisadores;
f) Utilização de produtos locais/ regionais nas atividades de produção e de turismo, valorizando o que é produzido na região e no entorno local, utilizando os galhos secos encontrados nas copas das árvores e no chão. Essa matéria-prima poderia ser utilizada para produção de souvenir da região, que tem como símbolo econômico a madeira, bem como ser utilizada para a produção de carvão vegetal e ou outras possibilidades. Com a sobra da madeira bracatinga utilizada para fazer sombra no plantio da erva-mate, construir um local de apoio com banheiros, área de descanso e um museu sobre o Bosque Modelo Caçador.
Ainda, essa madeira poderá ser utilizada para construir bancos, mesas e toda estrutura do ambiente do núcleo do Bosque Modelo Caçador e com a possibilidade de comercializar móveis rústicos com o excedente.
g) Uso de EPIs, como botas, capacetes de segurança e o que for necessário para entrar na floresta;

h) Condutor qualificado sobre a propriedade;
i) Fazer parte de uma organização que trabalhe com a temática socioambiental, como o Bosque Modelo Caçador;
j) Duas caminhonetes para o transporte dos pesquisadores.

2.4.2.5 Fator Limitante Distúrbio de Fauna e da Flora

Essa variável ecológica se refere às espécies tanto da fauna quanto da flora que podem sofrer alterações ou ser ameaçadas devido à visitação turística. Para o cálculo desse Fator Limitante, conforme sugerido por Cifuentes (1992) são necessários dados sobre a suscetibilidade da fauna e da flora à visitação turística, principalmente, em seu período reprodutivo.

A metodologia deve se basear em revisões bibliográficas, informações contidas em Planos de Manejo e nos trabalhos de campo. No trabalho de campo, esse fator foi avaliado na entrevista com pesquisadores da EMBRAPA.

Encontraram-se planos de manejo sustentáveis de toda a extensão da área da EMBRAPA, além de outras pesquisas de manejo sustentável em áreas distintas, facilitando o trabalho da capacidade de carga turística que já se baseou e seguiu o caminho permitido para o estudo do turismo sustentável.

A seguinte fórmula foi utilizada:

$$Fl = \frac{9 \text{ meses limitantes/ano}}{12 \text{ meses ao ano}} \times 100 = 75\% \text{ limitante}$$

Quantidade Total (Qt) de onde são divididas as Quantidades Limitantes (Ql), que são as fragilidades do espaço analisadas para esse estudo, resultando nos Fatores Limitantes. Dessa maneira, observa-se que quanto maior o número de Fatores Limitantes, maior será a restrição de uso aplicada à propriedade. Isso se pode acompanhar na tabela 1 a partir dos fatores limitantes que serão utilizados para calcular a CCR.

Tabela 1 – Fatores limitantes para o cálculo da CCR

Fatores limitantes	Resultados
Quantidade de dias da semana para visitas (Qt)	3 dias
Quantidade anual de dias abertos para visitas (Qt)	96 dias
Quantidade de chuva em 3 meses (Ql)	30 dias
Quantidade de chuva em 3 meses (Fl)	31% (FC1)
Caminho do Galpão até o Pinheirão (Qt)	830 metros
Caminho do Galpão até o Pinheirão (Fl)	100% (FC2)
Erosão em metros quadrados do percurso (Qt)	85 metros
Erosão em porcentagem no percurso	12% (FC3)
Acessibilidade (Ql)	83 metros
Acessibilidade (Fl)	10% (FC4)
Ambiental (Qt)	10 variáveis
Ambiental (Fl)	75 % (FC5)

Fonte: Autora (2017)

Após encontrar os fatores de correção, será calculada a Capacidade de Carga Real (CCR), determinada através da seguinte fórmula:

CCR = (CCF-FC1) – ......FCn

Ressalta-se que FC é um fator de correção expressado em porcentagem. Portanto, a fórmula de cálculo seria a seguinte:

Fórmula CCR:

$$(CCR = CCF \times \frac{100 - FC1}{100} \times \frac{100 - FC2}{100} \times \frac{100 - FC3}{100} \times \frac{100 - FC4}{100} \times \frac{100 - FC5}{100})$$

Cálculo da CCR:

$$CCR = 415 \times \frac{100-31}{100} \times \frac{100-100}{100} \times \frac{100-12}{100} \times \frac{100-10}{100} \times \frac{100-75}{100}$$

CCR = 56,69 (Total de 57 pessoas por dia).

2.4.3 Avaliação da Capacidade de Carga Efetiva ou Permissível – CCE

A CCE é o limite máximo de visitantes por dia na trilha da área agroflorestal escolhida para o presente estudo que se localiza na EMBRAPA. Para obter a CCE, primeiro foi calculada a Capacidade de Manejo (CM) da área escolhida para o turismo sustentável, que se refere às necessidades para a manutenção da área e é calculada a partir de parâmetros estabelecidos como necessários ou ideais. Como o núcleo do Bosque Modelo Caçador ainda está trabalhando em seu planejamento, onde muitas informações para alcançar o ideal poderiam estar respaldadas, esses dados foram estipulados com referência à demanda de pesquisadores atuais que visitam a Embrapa e seus relatos representados na tabela 2 com os fatores limitantes do cálculo da CCE.

Tabela 2 – Fatores limitantes para o cálculo da CCE

Fatores limitantes	Resultados Situação Atual	Resultados Situação Ideal	CM	CCE
Banheiros	0	2		
Sinalização	0	1		
Lixeiras Seletivas	0	2		
Lanches	0	1		
Condutor	1	2		
Manutenção	1	1		
Produção Rural	1	2		
Museu	0	1		
Total	3	12	25	14

Fonte: Autora (2017)

A fórmula abaixo apresenta o cálculo da CM:
Onde, CMA – Capacidade de Manejo Atual; CMI – Capacidade de Manejo Ideal.

CM = CMA x 100 ÷ CMI
CM = 3 x 100 ÷ 12 = 25

Após o resultado da CM, realizou-se o cálculo da CCE de acordo com a seguinte fórmula:

CCE = CCR x CM%.
CCE = 57 x 0,25 = 14,25

2.5 Validação do questionário para a entrevista

Para realizar uma entrevista sobre a importância do turismo sustentável através do Bosque Modelo Caçador, elaborou-se um questionário semiestruturado de acordo com os procedimentos de Bjorner e Olsen (2010):

1º Inicialmente, 10 perguntas abertas foram elaboradas com o objetivo de conhecer a opinião da amostra sobre os benefícios sociais, econômicos, ambientais, culturais e científicos que o turismo sustentável, através do Bosque Modelo Caçador, poderá trazer para Caçador e região;

2º Logo após, o questionário foi enviado, via e-mail, a três membros do Bosque Modelo Caçador juntamente com uma carta explicativa sobre os procedimentos e objetivos da presente pesquisa;

3º Com o aceite dos membros para realizar a avaliação, o instrumento foi enviado por e-mail, em formato Word, e solicitadas possíveis correções e sugestões ao questionário, como, também, o retorno da avaliação em sete dias;

4º Os avaliadores retornaram o questionário dentro do período de sete dias, sugerindo que as questões fossem semiestruturadas para facilitar as respostas;

5º Após as sugestões dos avaliadores, o questionário foi formatado com oito questões semiestruturadas e reenviado aos avaliadores para a avaliação final do instrumento;

6º De acordo com as respostas finais dos avaliadores, sem nenhuma correção ou sugestão, a versão final do instrumento ficou clara e concisa, obtendo a validade para ser aplicada na amostra.

2.6 Amostra e entrevista

A amostra de voluntários que responderam ao questionário sobre os benefícios sociais, econômicos, ambientais, culturais e científicos que o turismo sustentável, através do Bosque Modelo Caçador, poderá trazer para Caçador e região foi de 16 indivíduos com conhecimento sobre o Bosque Modelo Caçador e turismo sustentável. Todos os voluntários da pesquisa assinaram o Termo de Consentimento Livre e Esclarecido (TCLE), conforme preconiza a resolução nº 196 do Conselho Nacional de Saúde de 10 de outubro de 1996. A pesquisa foi aprovada pelo Comitê de Ética em Pesquisa (CEP) da Universidade Alto Vale do Rio do Peixe, CAAE: 61565416.2.0000.5593. Para a realização da entrevista, utilizou-se o questionário, validado com as nove perguntas semiestruturadas, e aplicado de acordo com os procedimentos abaixo:

- O questionário e o Termo de Consentimento Livre e Esclarecido (TCLE) foi enviado por e-mail a 20 indivíduos e nesse documento solicitou-se que assinassem o TCLE e respondessem às perguntas do questionário;
- Solicitou-se aos voluntários da pesquisa que reenviassem os documentos por e-mail em um período de até 20 dias após o recebimento do e-mail;
- Dos 20 questionários enviados, somente 16 foram respondidos e reenviados à pesquisadora.

2.7 Análise dos dados

Os dados quantitativos foram analisados por meio da estatística descritiva simples e os resultados tabulados e apresentados através da distribuição da frequência absoluta e relativa. Para a obtenção dos dados qualitativos, realizou-se uma análise interpretativa, sendo explorados os principais enfoques citados.

CAPÍTULO 3
RESULTADOS E DISCUSSÃO

3.1 Capacidade de carga física (CCF)

De acordo com os cálculos realizados da CCF, o limite máximo de visitantes para a área escolhida ao desenvolvimento do turismo sustentável foi de 415 pessoas por dia.

A CCF é muito importante e necessária, pois, quando há eventos públicos e privados na área escolhida para o turismo sustentável, estima-se a quantidade ideal e segura de pessoas por metro quadrado em um tempo determinado, considerando os fatores limitantes de espaço e de preservação ambiental florestal, isto é, dois metros quadrados de distância entre uma pessoa e outra. (CIFUENTES, 1992).

Para haver o desenvolvimento sustentável do turismo, é de suma importância que estudos de capacidade turísticas sejam aplicados nas áreas onde haverá um aumento de número de pessoas circulando para que não haja degradação do meio ambiente e que o mesmo possa suportar essas mudanças, evitando profundos e irreparáveis danos que possam acontecer nesses locais de exploração do turismo.

A CCF tem o objetivo de apresentar resultados para que o desenvolvimento seja sustentável hoje e para as novas gerações. Muitos locais preocupam-se somente com a obtenção de lucro, perdendo, no futuro, locais turísticos que são abandonados pelo caos e maus tratos, deixando de ser atrativos após sua excessiva utilização pelo turismo de massa, sem qualquer estudo de preservação ou de capacidade de carga turística que possibilitem limites físicos a esses locais bem como à natureza.

3.2 Capacidade de carga real (CCR)

O limite máximo de visitas permitido na área escolhida para o desenvolvimento do turismo sustentável foi 57 visitantes por dia. A capacidade de carga real é a quantidade de pessoas possíveis que podem circular em uma determinada área sem agredir o meio ambiente e que possa ser aproveitada por diversas gerações ao longo dos anos.

Essa capacidade de carga depende de vários limitantes como, por exemplo, quantidade de chuva, acessibilidade, preocupações com a flora e a fauna, erosões no solo, impossibilitando visitas. Sua aplicação é importante, principalmente, para as áreas de preservação ambiental, em que seus limitantes serão os pontos de equilíbrio para o número adequado de pessoas sem agressão à natureza.

3.3 Capacidade de carga efetiva (CCE)

O limite máximo de visitantes para a área escolhida para o desenvolvimento do turismo sustentável, através da capacidade de carga efetiva (CCE), é de 14 visitantes por dia. Essa variável permite definir a quantidade máxima de pessoas que o local escolhido, atualmente, pode oferecer para receber os turistas, ou sua capacidade de manejo atual e real do local da pesquisa encontrados através de suas variáveis.

A CCE é o resultado final da capacidade de manejo da área, importante para a natureza e para os visitantes, oferecendo informações e limites, bem como segurança e preservação.

Podem-se acompanhar algumas experiências vividas por Miguel Cifuentes sobre a pesquisa de capacidade de carga turística já realizadas. Para tanto, aplicou-se a capacidade de carga, pela primeira vez, em uma experiência no Parque Nacional de Galápagos no Equador (CIFUENTES, 1984 apud CIFUENTES, 1992, p. 2). Depois, em 1990, efetuou uma revisão do estudo para aplicar na Reserva Biológica de Carara, na Costa Rica, do qual participaram das funções os funcionários do Parque Nacional da Costa Rica e os estudantes de pós-graduação do Centro Agronómico Tropical de Investigação e Experiências, (CATIE) (CIFEUNTES apud CIFUENTES, 1992, p. 2).

No Brasil, aplicou-se a capacidade de carga turística com o tema: um estudo nos caminhos rurais de Porto Alegre, RS. O local apresenta características rurais, tendo em seu mosaico territorial pequenas propriedades de expressiva agricultura familiar e agroecológica, cabanhas, vinículas e comércio de produtos locais, que hoje sofre com instalações de grandes condomínios de luxo (CUNHA, apud SOLLER; BORGHETTI, 2013, p. 512).

3.4 Análise das entrevistas

Na tabela 3, apresenta-se a característica da amostra do estudo. Dos 20 questionários enviados, retornaram 16 deles, obtendo uma amostra total de 16 voluntários, sendo 50% do sexo masculino e 50% do feminino. Com relação à idade, a maioria dos entrevistados (43,75%) tem acima de 50 anos e com formação em engenharia florestal (32,2%) e engenharia agrônoma. Dos entrevistados que responderam ao questionário, 31,25% tinham Doutorado e 31,25% eram Mestres, com um número reduzido (12,50%) de Graduados. De acordo com as características da amostra que respondeu ao questionário, a qualidade técnica e teórica dos entrevistados permite a obtenção de informações e relatos relevantes sobre a pesquisa.

Tabela 3 – Características da amostra de entrevistados

	N	%
Sexo		
Masculino	8	50%
Feminino	8	50%
Idade		
20-29 anos	2	12,50%
30-39 anos	3	18,75%
40-49 anos	4	25,00%
50 anos ou mais	7	43,75%
Formação profissional		
Engenharia florestal	5	31,25%
Engenharia agrônoma	5	31,25%
Engenharia ambiental	1	6,25%
Oficial de segurança pública	1	6,25%
Formação profissional		
Biólogos	1	6,25%
Analista de qualidade	1	6,25%
Administradores Financeiro e jurídico e advogado	2	12,50%
Nível de escolaridade		
Graduação	2	12,50%
Especialização	4	25,00%
Mestrado	5	31,25%
Doutorado	5	31,25%

Fonte: Autora (2017)

Nas perguntas 1 e 2 do questionário, 100% dos entrevistados relataram que o turismo sustentável, através do Bosque Modelo Caçador, poderá trazer impactos sociais e econômicos positivos para região. Destacou-se, pelos entrevistados, que os principais benefícios seriam a geração de novos empregos e possibilidade de melhor renda, contribuição para o desenvolvimento de atividades econômicas das pequenas propriedades rurais, reflexos positivos para uma consciência ambiental, desenvolvimento da infraestrutura básica como conservação do patrimônio e capacitação para a comunidade local, fortalecendo setores como a agricultura com seus produtos típicos e oportunidades em receber turistas em suas comunidades, valorização da cultura, da culinária e das tradições como o artesanato, a produção do queijo, do mel, entre outras possibilidades de apresentar a cidade. Além disso, maior visibilidade e conhecimento dos trabalhos e pesquisas desenvolvidos na EMBRAPA aos alunos das comunidades locais.

De acordo com um estudo realizado por Garrido (2007, p. 35), na comunidade rural da região de Urbión na Espanha, em que foi implantado o turismo sustentável através do BOSQUE MO, mostrou-se a ocorrência de impactos sociais e econômicos positivos, melhorando a infraestrutura básica, conservando e restaurando o patrimônio cultural e natural, estimulando positivamente os setores produtivos, primários e de serviços da sociedade rural local.

Com relação ao meio ambiente, 100% dos entrevistados relataram que o turismo sustentável, através do Bosque Modelo Caçador, será importante para o desenvolvimento e manutenção do meio ambiente. Segundo os entrevistados, Caçador é uma cidade com agricultura e base florestal muito forte, com cachoeiras, com belezas naturais, que podem ser exploradas pelo turismo sustentável, bem como a conscientização ambiental, valorizando os recursos da fauna e flora da região a partir do conhecimento de novas atitudes ambientais.

Para chegar a atingir essa conscientização, os entrevistados indicam a importância da opinião pública local para que o turismo sustentável possa ser entendido e privilegiado e assim ter a interação positiva entre homem e natureza. Os entrevistados, ainda, citam a importância do desenvolvimento do turismo sustentável para a segurança e monitoramento da fauna e da flora, diminuindo a exploração inadequada e predatória das florestas, além da prática comum à caça de animais silvestres na área de estudo.

É importante salientar que as ações através da educação para um turismo ambiental deverão ser desenvolvidas por meio de programas não formais, convidando o "cidadão-turista" a uma participação consciente na proteção do meio ambiente não apenas durante as férias, mas também no cotidiano e no local de residência permanente (RUSCHMANN, 1997, p. 48).

Na pergunta 4 do questionário, que abordava se o turismo sustentável, através do Bosque Modelo Caçador, poderia melhorar a qualidade de vida das pessoas, 100% dos entrevistados responderam que sim. O estudo de Garrido (2015, p. 35) sobre o Bosque Modelo Urbión mostrou que, com a execução de fundos estruturais e de programas espanhóis, ocorreu a melhora da qualidade de vida dos moradores da região através do turismo e diversificação nas zonas rurais de Urbión.

Segundo Bartholo, Sansolo e Bursztyn (2009, p. 65), o turismo em qualquer de suas formas de expressão e influência, interfere na dinâmica socioambiental de qualquer destino. O turismo de base comunitária só poderá ser desenvolvido se os protagonistas desse destino forem sujeitos e não objetos do processo. O turismo de base comunitária, portanto, tende a ser aquele tipo de turismo que, em tese, favorece a coesão e o laço social e o sentido coletivo de vida em sociedade e que, por essa via, promove a qualidade de vida, o sentido de inclusão, a valorização da cultura local e o sentimento de pertencimento. Esse tipo de turismo representa, portanto, a interpretação "local" do turismo frente às projeções de demandas e de cenários do grupo social do destino, tendo como pano de fundo a dinâmica do mundo globalizado, mas não as imposições da globalização (GARRIDO, 2015, p. 42).

A partir da pergunta de número 5, sobre os impactos culturais do turismo sustentável para a região de Caçador, 62,5% dos entrevistados relatam que os impactos são positivos para o desenvolvimento cultural através do turismo social. No Bosque Modelo Reventazón na Costa Rica, há as comunidades indígenas que vivem em áreas adjacentes às duas áreas protegidas, que estavam envolvidos no primeiro processo participativo no país para a preparação de um plano de gestão para um parque nacional (CLIMIFORAD, 2017). A criação de emprego e renda (guias, ecoturismo e artesanatos), fortaleceram as relações entre as comunidades e os gestores do parque, criando acordos que priorizam a prestação de serviços, atividades e aumento da percepção dos moradores sobre a importância de proteger essas áreas (CLIMIFORAD, 2017).

Sobre a pergunta de número 6, 93,75% responderam que será positivo a possibilidade do desenvolvimento do turismo sustentável em uma unidade de conservação ambiental como a FLONA ou na Estação Experimental da EMBRAPA. De acordo com os entrevistados, tanto a FLONA como a EMBRAPA apresentam, por lei, possibilidades de desenvolver o turismo sustentável, como pode ser observado mais comumente pelas florestas nacionais, como a Flora de Ipanema, localizada no município de Iperó; a Floresta Nacional de Ipanema (Flona) tem importância histórica para Sorocaba, anos antes da fundação da cidade. Afonso Sardinha, seu filho de nome homônimo e o técnico em minas Clemente Álvares, por volta de 1589, começaram a procurar ouro no Morro de Araçoiaba. Decretada Floresta Nacional em 1992 pelo Instituto Brasileiro do Meio Ambiente e dos Recursos Naturais Renováveis (Ibama), a Flona oferece mais de 5 mil hectares de Mata Atlântica, com trechos de Cerrado e Várzea, trilhas ecológicas, visitas aos altos fornos e construções históricas, o primeiro Cemitério Protestante do Brasil, entre outras atrações (SOROCABA.COM, 2017).

Outro exemplo é a Flona do Pará. Lá, existem muitos pontos de apoio para turistas conhecerem a região durante toda a extensão do Rio Tapajós. A mais famosa e estruturada delas é a vila de Alter do Chão, no município de Santarém. Todas as outras são comunidades ribeirinhas, que ficam mais adentro da floresta, com uma infraestrutura bem mais simples, mas que não deixa a desejar em nada. Nessas vilas, trabalha-se com o conceito de turismo de base comunitário, onde se pode hospedar em quartos na casa de comunitários, comprar produtos da cooperativa de artesãos locais, degustar a gastronomia típica junto com os moradores e conhecer a Floresta Nacional do Tapajós com passeios guiados pelos próprios nativos. A comunidade de São Domingos é a mais próxima da área considerada reserva nacional (FLONA), bem como a Floresta Nacional de Lorena, que tem como objetivo promover o manejo adequado dos recursos naturais, garantindo a proteção dos recursos hídricos, das belezas as ciências e dos sítios históricos e arqueológicos, fomentar o desenvolvimento da pesquisa científica e aplicada, da educação ambiental e das atividades de recreação, lazer e turismo (MPF, 2001).

Além da FLONA, a EMBRAPA tem apresentado programas voltados ao turismo como se mostra no caso do caminho sustentável da Embrapa. Assim, recursos genéticos e biotecnologia são ações que representam a Embrapa no primeiro Guia Turístico Científico de Brasília. Lançado em 2016 pelo governador do Distrito Federal, Rodrigo Rollemberg, a publicação sugere locais em Brasília e entorno com vocação turístico-científica. O guia é fruto de cooperação entre a Secretaria Adjunta de Ciência, Tecnologia e Inovação (SACTI) e a Secretaria Adjunta de Turismo de Brasília.

É importante salientar que, em Caçador e região, não existem estudos científicos sobre o turismo sustentável, principalmente na área do Bosque Modelo Caçador. Os entrevistados acreditam que a EMBRAPA poderá contribuir com o desenvolvimento mais promissor no núcleo do Bosque Modelo Caçador do que a FLONA, a qual, no momento, encontra-se abandonada e sem apoio do governo Federal do qual faz parte. Os entrevistados relataram, ainda, que a Embrapa poderá oportunizar visibilidade à área de pesquisa com extensão às comunidades rurais, apresentando práticas sustentáveis e possibilidades de parcerias com a comunidade. Acreditam que a exploração dos atrativos naturais da floresta, valorização das áreas hídricas e de sua cultura local possibilitarão novas áreas de lazer e de bem-estar ambiental com a inserção de homem e seu desenvolvimento sociocultural.

De acordo com o presidente da EMBRAPA, Maurício Antônio Lopes, a Instituição atenta para essas tendências e vem desenvolvendo um conjunto de projetos e ações que valorizam e dinamizam a produção de alimentos locais e regionais, com um olhar cuidadoso para a sinergia agricultura-turismo. Um exemplo real e de resultados positivos é o programa Rota do Cordeiro, originado no Ceará, para profissionalização das cadeias produtivas da ovinocultura e da caprinocultura, com foco na sustentabilidade da produção, na regularização e na padronização da oferta de produtos diferenciados e na promoção do consumo. Ainda, Lopes (2017) relata, em seu artigo, que para se fortalecer o turismo como alternativa de desenvolvimento rural associado à cultura e à gastronomia, será necessário ampliar o conhecimento da imensa diversidade do que se produz e se consome.

Nas perguntas 7 e 8, apresentam-se as opiniões dos entrevistados sobre o modelo adequado dessa formalização para o Bosque Modelo Caçador e sobre a importância da formalização de um Bosque Modelo. Os resultados mostraram que 68,75% dos entrevistados relataram ser muito importante definir a forma de organização para o desenvolvimento e apoio a pesquisas e a projetos e 68,75% optaram pela formalização do Bosque Modelo Caçador como uma associação.

O Bosque Modelo Palencia, localizado na Espanha, a partir da sua formalização, passou a estabelecer mecanismos legais para garantir a sustentabilidade no uso de recursos silvicultura, assegurou a gestão, conservação e gestão sustentável das florestas, promoveu o reflorestamento de áreas florestais atualmente sem floresta, para fornecer produtos e serviços florestais necessários, assegurou a proteção dos ecossistemas contra os incêndios florestais, desmatamento indiscriminado, perda de biodiversidade, degradação genética e doenças e pragas, compensou os serviços ambientais prestados pelas florestas e plantações florestais como um incentivo para a conservação e melhoria, promoveu e fortaleceu o desenvolvimento da indústria florestal em todas as fases da cadeia produtiva, sob os princípios da competitividade, eficiência e racionalidade (Bosque Modelo Palencia, 2016).

É importante ressaltar que o objetivo da formalização é regulamentar a forma da organização e promover a gestão sustentável das florestas, garantindo a sua conservação, desenvolvimento, produção, transformação, marketing e proteção de outros recursos naturais que são parte do ecossistema.

A presente pesquisa apresenta limitações. Dentre as quais: não foi realizado, na grande área do Bosque Modelo Caçador, o potencial turístico sustentável para mostrar outras regiões ou possíveis locais que poderiam ser explorados pelo turismo sustentável; além disso, na área onde se fez o estudo científico, que fica localizada na Estação Experimental da EMBRAPA e que é núcleo do Bosque Modelo Caçador, também será necessário continuar a pesquisa para finalizar a importância deste estudo, bem como relacionar todos os espaços de manejo permitido para a visitação de pessoas, concluindo os estudos de capacidade de carga turística dessa área, possibilitando que a EMBRAPA inicie com outra atividade, oportunizando o desenvolvimento socioeconômico da região com a participação da comunidade rural através do turismo sustentável.

CONSIDERAÇÕES

O turismo, tendo seu papel intercessor entre o sujeito e o objeto, deve ser constantemente observado a fim de determinar seu impacto junto à sociedade. Dessa forma, o presente estudo objetivou mostrar como o incentivo ao turismo sustentável pode atender às demandas sociais e, prioritariamente, proteger as regiões receptoras a partir de manejo defensivo, além do controle sobre a questão da quantidade de visitantes do local. Isso pode garantir a não agressão ao meio ambiente e permanência de estruturas.

A partir dessa concepção, procurou-se empreender um estudo no município de Caçador e região, onde as áreas de preservação e que oferecem estrutura para o desenvolvimento do turismo sustentável são muito vastas, entretanto, pouco exploradas. Dessa forma, as principais conclusões do presente estudo são:

a) a área escolhida do Bosque Modelo Caçador para o estudo do turismo sustentável mostrou-se adequada, podendo ser uma área de estudo e pesquisa, com reflexos positivos socioeconômicos pela comunidade local;
b) a quantidade de pessoas que podem visitar o local escolhido torna a área adequada ao manejo sustentável, preservada e com possibilidades de desenvolvimento econômico juntamente com projetos de pesquisas;
c) a área escolhida não pode realizar grandes eventos pela quantidade de pessoas que podem circular a fim de que ela permaneça preservada;
d) o turismo sustentável através do Bosque Modelo Caçador trará impactos ecológica, econômica, social, espacial e culturalmente positivos, proporcionando

importante fator para a melhoria da qualidade de vida à população local e à região.

Sugere-se que outras pesquisas sejam realizadas avaliando e mostrando o potencial turístico na área que abrange o Bosque Modelo Caçador, pois Caçador e região apresentam muitos atrativos naturais e culturais que devem ser adequadamente aproveitados, valorizando seu potencial e estimulando seu progresso.

REFERÊNCIAS

ALMEIDA, F. **Desenvolvimento sustentável 2012-2050**: visão, rumos e contradições. Rio de Janeiro: Elsevier, 2012.

BAGGIO, A. J.; CARPANEZZI, O. T. B. **Alguns sistemas de arborização de pastagens**. Boletim de Pesquisa Florestal, Curitiba – PR,1988.

BAHL, M. **Legados étnicos & oferta turística**. Curitiba – PR: Juruá, 2004.

BANDEIRA, P. S. **Diferenças Regionais quanto ao Capital Social e Crescimento Econômico no Rio Grande do Sul**. Redes, Santa Cruz do Sul, 2007.

BARRETO, Margarita. **Manual de iniciação ao estudo do turismo**. Campinas: Papirus, 1995.

BARRETTO, M. O Imprescindível Aporte das Ciências Sociais Para o Planejamento e a Compreensão do Turismo. In: **Horizontes Antropológicos**. Porto Alegre, ano 9, n. 20, out., 2003.

_____. **Planejamento responsável do turismo**. Campinas – SP: Editora Papirus, 2005.

BARRETTO, M.; REJOWSKI, M. (Orgs.). **Turismo:** interfaces, desafios e incertezas. Caxias do Sul: EDUCS, 2001.

BARTHOLO, R.; SANSOLO, D. G.; BURSZTYN, I. (Org.) **Turismo de Base Comunitária:** diversidade de olhares e experiências brasileiras. Brasil: Ministério do Turismo, 2009.

BAUMAN, Z.; MAY, T. **Aprendendo a pensar com a Sociologia**. Rio de Janeiro: Zahar, 2010.

BAUMAN, Z. **Ensaios sobre o conceito de cultura**. Rio de Janeiro: Editora Zahar, 2012.

BENI, M. C. **Análise estrutural do turismo**. 8. ed. São Paulo: SENAC, 2003.

BJORNER, J.; OLSEN, J. Questionnaires in epidemiology. In: OLSEN J.; SARACCI, R.; TRICHOPOULOS, D. (Eds). **Teaching epidemiology:** a guide for teachers in epidemiology, public health and clinical medicine. 3. ed. New York: Oxford University Press; 2010.

BOSQUE MODELO PALENCIA. **Bosque Modelo Palencia.** Disponível em: <https://translate.google.com.br/translate?hl=pt BR&sl=es&u=http://sostenible.palencia.uva.es/content/bosque-modelo-palencia&prev=search>. Acesso em: 10 fev. 2017.

BOURDIEU, P. **Questões de sociologia**. Rio de Janeiro: Editora Marco Zero, 1983.

BRASIL. **Lei n. 4.771, de 15 de setembro de 1965.** Diário Oficial [da] República Federativa do Brasil, Brasília, DF. 1965. Disponível em <http://goo.gl/BykW4>. Acesso em: 27 jan. 2016.

_____. **Lei n. 5.106, de 02 de setembro de 1966.** Diário Oficial [da] República Federativa do Brasil, Brasília, DF. 1966. Disponível em <http://goo.gl/6FRNba>. Acesso em: 27 jan. 2016.

_____. **Lei n. 11.428, de 22 de dezembro de 2006.** Diário Oficial [da] República Federativa do Brasil, Brasília, DF. 2006. Disponível em <http://goo.gl/2xv3H>. Acesso em: 27 jan. 2016.

_____. **Lei n. 12.651, de 25 de maio de 2012.** Diário Oficial [da] República Federativa do Brasil, Brasília, DF. 2012. Disponível em <http://goo.gl/7Qo9OG>. Acesso em: 27 jan. 2016.

_____. Ministério da Educação e Cultura. IDE: **Indicadores demográficos e educacionais**: Caçador-SC. Disponível em <http://ide.mec.gov.br/2011/municipios/relatorio/coibge/4203006>. Acesso em: 30 mai. 2015.

CAÇADOR. Prefeitura Municipal. **Cidade**. Disponível em: <http:// www.cacador.sc.gov.br/portalhome/index.php/cidade>. Acesso em: 21 de mar. 2015.

CARVALHO, M. M. X.; NODARI, E. S. **A Lumber, o Contestado e a história do desmatamento da floresta de araucária (1911 – 1950)**. 2008. Disponível em: <www.historiaambiental.org>. Acesso em: 10 out. 2015.

CASTELLI, G. **Turismo**: atividade marcante do século XX. 2. ed. Caxias do Sul: Educs, 1990.

_____. **Turismo e marketing**: uma abordagem hoteleira. 2. ed. Porto Alegre: Sulina, 1990.

CIFUENTES, M. **Determinación de capacidad de carga turística em áreas protegidas**. Centro Agronômo Tropical de Investigación y Enseñanza, CATIE, Turrialba, Costa Rica, (1992). Disponível em: <https://www.ucm.es/data/cont/media/www/pag51898/1992_METODOLOGIÍA%20CIFUENTES.pdf>. Acesso em: 10 nv. 2015.

CLIMIFORAD. **Impactos Potenciales del Cambio Climático en Ecosistemas Forestales en Cordilleras Latinoamericanas y Herramientas para La Adattacións de la Gestión/ Climate Change, Latin America Moutanin Forest and Adaptation. Bosque Modelo Reventazón, Costa Rica.** Disponível em: <http://www.climiforad.org/territorios/bosque-modelo-reventazon/>. Acesso em: 1 abr. 2017.

COSTA, P. C. **Unidades de Conservação**: Matéria-Prima do Ecoturismo. São Paulo, Aleph, 2002

DENCKER, A. F. M. **Pesquisa em turismo**: planejamento, métodos e técnicas. São Paulo: Futura, 1998.

EMBRAPA. **Definição de Bosque Modelo, material impresso informativo.** 2010. Disponível em: <http://ainfo.cnptia.embrapa.br/digital/bitstream/item/31687/1/Bosque-Modelo Cacador.pdf>. Acesso em: 10 out. 2015.

_____. **Estação Experimental da Embrapa em Caçador.** Disponível em: <https://www.embrapa.br/florestas/infraestrutura/cacador>. Acesso em: 5 nov. 2016.

_____. **Bosque Modelo de Caçador conhece experiência espanhola.** 2016. Disponível em: <https://www.embrapa.br/busca-de-noticias/-/noticia/13868583/bosque-modelo-de-cacador-conhece-experiencia-espanhola>. Acesso em: 1 jan. 2017.

_____. **Caminho Sustentável da Embrapa está no Guia Turístico Científico de Brasília.** 2016. Disponível em: <https://www.embrapa.br/busca-de-noticias/-/noticia/14563546/caminho-sustentavel-da-embrapa-esta-no-guia-turistico-cientifico-de-brasilia>. Acesso em: 1 abr. 2017.

EMBRATUR. **Definição de turismo.** Disponível em: <http://www.embratur.gov.br/>. Acesso em: 10 mar. 2015.

FARO, J. **Facilitación participativa del Plan Estratégico del Bosque Modelo Caçador, Santa Catarina, Brasil**. Centro Agronómico Tropical de Investigacion y Enseñanza Escuela de Posgrado, Costa Rica, 2014.

FIGUEREDO, Ronise de Magalhães. **Dicionário prático de cooperativismo**. Belo Horizonte: Mandamentos, 2000.

FONSECA, M. A. P. **Políticas públicas espaço e turismo**: uma análise sobre a incidência espacial do Programa de desenvolvimento do Turismo no Rio Grande do Norte. Rio de Janeiro: UFRJ/PPGG, 2004.

FUNDEMA. **Planejamento e características gerais, 1ª revisão do planejamento de saneamento do Município de Caçador.** Caçador – SC: Editora Notus, 2013.

GARRIDO, M. **Turismo rural y género.** El caso del bosque modelo urbión. Editora Espacio I=D, innovación más Dessarrollo. 2015.

IBGE. **Cidades:** Santa Catarina: Caçador (en línea). 2010. Disponiível em: <http://www.cidades.ibge.gov.br/painel/economia.php?lang=&codm>. Acesso em: 27 jan. 2016.

IFN. **Bosque Modelo Caçador**: oportunidade para a gestão territorial participativa. Ministério do Meio Ambiente, 2014. Disponível em: <http://www.florestal.gov.br/documentos/informacoes-florestais/inventario-florestal-nacional-ifn/simposios/simposio-iii/2172-o-bosque-modelo-cacador-oportunidades-para-gestao-territorial-participativa-dra-yeda-oliveira-embrapa-florestas/file>. Acesso em: 10 out. 2015.

KLINK, A. **Cem dias entre o céu e o mar**. 32. ed. São Paulo: Editora Schwarcz, 2003.

LOPES, M. A. **O turismo rural como gerador de renda e riqueza no campo**. 2017. Disponível em: <https://www.embrapa.br/busca-de-noticias/-/noticia/19430061/artigo---o--turismo-rural-como-gerador-de-renda-e-riqueza-no-campo>. Acesso em: 01 jan. 2017.

MARAN, J. C. **Tratamento silvicultura como subsídio ao ordenamento florestal por talhões em um fragmento de floresta ombrófila mista.** Curitiba, 2016.

MINISTÉRIO DO DESENVOLVIMENTO AGRÁRIO. **Programa de turismo rural na agricultura familiar**. Disponível em: <http://www.mda.gov.br/sitemda/tags/turismo-rural>. Acesso em: 12 fev. 2016.

MINISTÉRIO DO TURISMO. **Diretrizes para o desenvolvimento do turismo rural**. Disponível em: <http://www.turismo.gov.br/sites/default/turismo/o_ministerio/publicacoes/downloads_publicacoes/Diretrizes_Desenvolvimento_Turismo_Rural.pdf>. Acesso em: 14 fev 2016.

MINISTÉRIO DO TURISMO. **Segmentação do turismo e marcos conceituais**. Disponível: <http://www.turismo.gov.br/sites/default/turismo/o_ministerio/publicacoes/downloads_publicacoes/Marcos_Conceituais.pdf>. Acesso em: 14 fev 2016.

MONTIBELLER-FILHO, G. **O mito do desenvolvimento sustentável** Florianópolis – SC: Editora da UFSC, 2001.

MORIN, E. **Os sete saberes necessários à educação do futuro**, 2. ed. São Paulo: Cortez, 2000.

_____. **A Via para o futuro da humanidade**. 2. ed. Rio de Janeiro: Bertrand Brasil, 2015.

MORSE, J. Principles of mixed methods and multimethod research design. In: TASHAKKORI A.; TEDDLIE, C. (Ed.). **Handbook of mixed methods in social & behavioral research.** Thousand Oaks: Sage Publications, 2003. p. 189-208.

MPF. **Portaria nº 243, do Ministério do Meio Ambiente.** 2001. Disponível em: <http://www.mpf.mp.br/conheca-o mpf/sobre/estrutura/corregedoria/composicao/galeria-cgmpf/portariapgr--no3372001.pdf>. Acesso em: 10 dez. 2016.

ONWUEGBUZIE, A. J.; JOHNSON, R. B. **Mixed methods research**: A research paradigm whose time has come, Educ. Res., v. 33, n. 7, 2004.

ONWUEGBUZIE, A. J.; LEECH, N. L. **Linking research questions to mixed methods data analysis procedures.** Qual Report, v. 11, n. 3, 2006.

OCB. **Sete linhas orientam o cooperativismo**. 2015. Disponível em: <http://www.ocb.org.br/site/cooperativismo/principios.asp>. Acesso em: 01 jun. 2015.

OMT. **Guia de desenvolvimento do turismo sustentável**. Porto Alegre: Bookman, 2003.

_____. **Definição de Turismo**. 2015. Disponível em: <http://www2.unwto.org/en>. Acesso em: 02 jan. 2015.

ONU. **Transformando Nosso Mundo**: A Agenda 2030 para o Desenvolvimento Sustentável. 2015. Disponível em: <https://nacoesunidas.org/pos2015/agenda2030/>. Acesso em: 10 nov. 2015.

_____. **Desenvolvimento Social. 2013**. Disponível em: <http://sc.gov.br/mais-sobre-desenvolvimento-social/1523-santa-catarina-tem-posicao-de-destaque-no-ranking-do-idhm>. Acesso em: 15 out. 2016.

OURIQUES, H.R. **A produção do turismo**: fetichismo e dependência. Campinas – SP: Editora Alínea, 2005.

PIRES, P. S. **Ecoturismo no Brasil**: uma abordagem histórica e conceitual na perspectiva ambientalista. Tese (Doutorado) – Universidade de São Paulo, Faculdade de Filosofia, Letras e Ciências Humanas, São Paulo, 1998.

PHERSON, I. M. **Princípios Cooperativos para o século XXI, Realização OCESC, apoio SESCOOP/SC**. Editora Lagoa Ltda. Tradução de Clarissa Ristoff. Gráfica Coan, 2003.

PINHO. Diva Benevides. **O cooperativismo no Brasil**: da vertente pioneira à vertente solidária. São Paulo: Saraiva, 2004.

REJOWSKI, M. **Turismo e pesquisa científica**: Pensamento internacional X situação brasileira. Campinas – SP: Papirus, 1996.

REJOWSKI, M.; COSTA, B. K. **Turismo contemporâneo:** desenvolvimento, estratégia e gestão. São Paulo: Atlas, 2003.

RADOMSKI, M. I.; LACERDA, A. E. B. de; KELLERMANN, B. **Sistemas agroflorestais**: restauração ambiental e produção no âmbito da Floresta Ombrófila Mista. Colombo: Embrapa Florestas, 2014.

RIABM. **Mapa de La RIABM**. 2014. Disponível em: <http://www.bosquesmodelo.net/mapa-de-la-riabm/>. Acesso em: 10 mai. 2015.

_____. **Bosque Modelo. 2015**. Disponível em: <http://www.bosquesmodelo.net/category/brasil/>. Acesso em: 10 mai. 2015.

ROCHA, M. L. B. da; LIMA, A. C.; FEITOSA, D. **A. O impacto do Turismo na economia: O caso do Ceará, 2002-2005.** 2008. Disponível em: <http://www2.ipece.ce.gov.br/encontro/artigos_2008/25.pdf> Acesso em: 15 mai. 2015.

RODRIGUES, A. B. **Turismo e Espaço**: Rumo ao Conhecimento Transdisciplinar. São Paulo: Editora HUCITEC, 1997.

ROSOT, M. A. D. *et al*. **Monitoramento na Reserva Florestal da Embrapa/Epagri (EEC) em Caçador, SC.** Colombo: Embrapa Florestas, 2007.

_____. **Bosque Modelo Caçador**: concepção e processo de estruturação, Edição: Embrapa Florestas Ministério da Agricultura, Pecuária e abastecimento. EMBRAPA, 2013.

RUSCHMANN, D. **Turismo e Planejamento sustentável**: A proteção do meio ambiente. 6. ed. Campinas – SP: Editora Papirus, 1997.

_____. **Estratégia de transição para o século XXI, desenvolvimento administrativo.** Editora Fundação do Desenvolvimento Administrativo. Fundap, 1993.

RUSCHMANN, D. V.D. M; ROSA, R. G. A sustentabilidade como estratégia de desenvolvimento em empreendimentos turísticos – O caso da Ilha de Porto Belo/SC. In: **Anais do IV SeminTUR** – Seminário de Pesquisa em Turismo do Mercosul. Caxias do Sul: UCS, 2006.

SACHS, I. **Estratégias de transição para o século XXI:** desenvolvimento e meio ambiente. São Paulo, Studio Nobel, Fundação do desenvolvimento administrativo, 1993.

_____. **Caminhos para o desenvolvimento sustentável.** Tradutor: José Lins Albuquerque Filho. 4. ed. Rio de Janeiro: Garamond, 2002.

SAMPAIO, C. A. C. **Desenvolvimento sustentável e turismo:** implicações de um novo estilo de desenvolvimento humano na atividade turística. Blumenau – SC: Edifurb, 2004.

SANQUETTA, C. R.; MATTEI, E. **Perspectivas de recuperação e manejo sustentável das florestas de araucária.** Curitiba: Multi-Graphic, 2006.

SERVIÇO NACIONAL DE APRENDIZAGEM DO COOPERATIVISMO. **Princípios e valores do cooperativismo.** Disponível em: <http://www.sescoopsc.org.br/secao/home> Acesso em: 12 jan. de 2017.

SINGER, Paul. Agricultura e desenvolvimento econômico. In: SZMRECSÁNYI, Tomás; ORIOWALDO, Queda (Org.). **Vida rural e mudança social.** São Paulo: Companhia Editora Nacional: 1976.

_____. Economia solidária: um modo de produção e distribuição. In: SINGER, Paul; SOUZA, André Ricardo de (Org.) **A economia solidária no Brasil:** a autogestão como resposta ao desemprego. 2.ed. São Paulo: Contexto, 2003.

_____. **Introdução à economia solidária.** São Paulo: Editora Fundação Perseu Abramo, 2002.

SNUC. **Lei nº 9.985, de 18 de julho de 2000.** Sistema Nacional de Unidades de Conservação da Natureza. 2000. Disponível em: < http://www.mma.gov.br/images/arquivos/areas_protegidas/snuc/Livro%20SNUC%20PNAP. pdf>. Acesso em: 15 mar. 2015.

SOROCABA.COM. **Dicas de turismo.** Disponível em: <http://www.sorocaba.com.br/dicas-turismo/flona-de-ipanema-30>. Acesso em: 01 abr. 2017.

SOUZA, M. J. L. de. Como pode o turismo contribuir para o desenvolvimento local? In: RODRIGUES, A. B. **Turismo e desenvolvimento local.** 2. ed. São Paulo: Hucitec, 2000.

STIFTUNG, K. A. **A política ambiental da Alemanha a caminho da Agenda 21**. Tradução e revisão: Sperber S. C. Ltda. e José Mario B. Carneiro, 1992.

SWARBROOKE, J. **Turismo Sustentável**: turismo cultural, ecoturismo e ética. São Paulo: Editora Aleph, 2000.

THOMÉ, N. **História da Guerra do Contestado**. 2009. Disponível em <http://nilson contestado.blogspot.com.br/>. Acesso em: 15 mar. 2015.

TRES, D. R.; REIS, A.; SCHLINDWEIN, S. L. A construção de cenários da relação homem-natureza sob uma perspectiva sistêmica para o estudo da paisagem em fazendas produtoras de madeira no planalto norte catarinense. **Ambient. Soc.**, v. 14, n. 1, São Paulo, jan./jun., 2011.

TRIGO, L. G. G. **A sociedade pós-industrial e o profissional em turismo**. Campinas – SP: Editora Papirus, 1998.

_____. **Entretenimento – uma crítica aberta**. São Paulo: Senac, 2003.

UNESCO. **Declaração Universal sobre a diversidade cultural**, 2002. Disponível em: <Unesdoc.unesco.org/images/0012/001271/127160por.pdf>. Acesso em: 09 jul. 2017.

UNIVERSIDADE DO VALE DO ITAJAÍ. Glossário. **Turismo**: visão e ação. Itajaí: UNIVALI, 2000

GLOSSÁRIO

APP – Área de Preservação Permanente
BM – Bosque Modelo
BMCDR – Bosque Modelo Caçador
CATIE – Centro Agronômico Tropical de Investigação e Educação
CCE – Capacidade de Carga Efetiva
CCF – Capacidade de Carga Física
CCR – Capacidade de Carga Real
CEP – Comitê de Ética em Pesquisa
DS – Desenvolvimento Sustentável
EEEC – Estação Experimental de Embrapa em Caçador
EMBRAPA – Empresa Brasileira de Investigação Agropecuária
EPAGRI – Empresa de Investigação Agropecuária e Extensão Rural de Santa Catarina
FATMA – Fundação de Meio Ambiente de Santa Catarina
FLONA – Floresta Nacional
FOM – Floresta Ombrófila Mista
FRAMEPORT – Frame Madeiras Especiais Ltda.
FUNDEMA – Fundação Municipal do Meio Ambiente
IBGE – Instituto Brasileiro de Geografia e Estatística
ICMBio – Instituto Chico Mendes de Conservação da Biodiversidade
IDH – Índices de Desenvolvimento Humano
IUFROLAT – *International Union of Forest Research Organizations (Latin American Congress)*
MFS – Manejo Florestal Sustentável
ODS – Objetivo de Desenvolvimento Sustentável
OMT – Organização Mundial do Turismo
ONG – Organização Não-Governamental
ONU – Organização das Nações Unidas
PFNM – Produtos Florestais não Madeireiros
PIB – Produto Interno Bruto
PNB – Produto Nacional Bruto
RIABM – Rede Ibero-americana de Bosques Modelo
RIBM – Rede Internacional de Bosques Modelo

SAFs – Sistemas Agroflorestais
SC – Santa Catarina
SDR – Secretaria de Desenvolvimento Regional
SNIF – Sistema Nacional de Informação Florestal
SNUC – Sistemas Nacionais de Unidades de Conservação
SUS – Sistema Único de Saúde
TCLE – Termo de Consentimento Livre e Esclarecido
UC – Unidade de Conservação
UFROLAT – *Union of Forest Research Organizations*
UNCED – Conferência das Nações Unidas sobre o Meio Ambiente e o Desenvolvimento
UNESCO – Organização das Nações Unidas
UNIARP – Universidade do Alto Vale do Rio do Peixe

APÊNDICES

APÊNDICE A
FORMULÁRIO PARA ENTREVISTA

ENTREVISTA

Nome Completo: _____
Idade: _____   Sexo: ( ) masculino ( ) feminino
Nível de escolaridade:
( ) graduação ( ) especialização ( ) mestrado ( ) doutorado
Formação: _____
_____
_____
Local de Trabalho: _____
_____
Função: _____
_____

    Esta entrevista tem como objetivo conhecer as suas experiências, projeções futuras e possibilidades de desenvolvimento de ações e planejamento do Bosque Modelo Caçador para o turismo sustentável. Os seus relatos serão utilizados como parte dos resultados e discussões da Dissertação de Mestrado Intitulada **"Turismo Sustentável através do Bosque Modelo Caçador",** da mestranda Aline Mateus, que atualmente é discente do Programa de Mestrado Acadêmico Interdisciplinar em Sociedade e Desenvolvimento da UNIARP.

1 – De acordo com a sua experiência e seu conhecimento, a implantação do turismo sustentável, através do Bosque Modelo Caçador, poderá desenvolver quais impactos sociais para região? ( ) Positivos ( ) Negativos Justifique: _____
2 – Na sua opinião, o turismo sustentável, através do Bosque Modelo Caçador, beneficiará economicamente a região? ( ) Sim ( ) Não
3 – Na sua opinião, você acha importante o desenvolvimento do turismo sustentável para o meio ambiente? ( ) Sim ( ) Não Quais os benefícios para a região Caçador você visualiza?
4 – Na sua opinião, a implantação do turismo sustentável, através do Bosque Modelo Caçador, poderá afetar na qualidade de vida dos habitantes? ( ) Sim ( ) Não
5 – De acordo com a sua opinião, quais são os impactos culturais que o turismo sustentável através do Bosque Modelo Caçador poderá trazer para a Região de Caçador? ( ) Impactos positivos, apresentando a cultura da região e trabalhando com o turismo sustentável social e não explorados; ( ) Impactos negativos, já que poderá afetar a cultura da região com maior circulação de pessoas; ( ) Impactos positivos, já que a maioria das pessoas que estarão em visita serão estudantes, pesquisadores, professores e interessados no assunto sustentabilidade, Bosque Modelo, preservação da natureza, da flora e da fauna.

6 – Como você vê a possibilidade de uma unidade de conservação ambiental, como a FLONA ou uma estação experimental como a EMBRAPA, ser fonte de estudo de um planejamento turístico através do Bosque Modelo Caçador?
Positivo ( ) Negativo ( )
Justifique: _____
_____
_____

7 – De acordo com seu conhecimento, qual a importância da formalização do Bosque Modelo Caçador para o desenvolvimento e apoio de pesquisa e planejamento de seus núcleos?
Importante ( ) Muito importante ( )

8 – Como poderia ser feita a formalização do Bosque Modelo Caçador na sua opinião?
ONG ( ) Cooperativa ( ) Associação ( )

APÊNDICE B
TERMO DE CONSENTIMENTO LIVRE E ESCLARECIDO

TERMO DE CONSENTIMENTO LIVRE E ESCLARECIDO	
1. Identificação do Projeto de Pesquisa	
Título do Projeto: IMPLANTAÇÃO DO TURISMO SUSTENTÁVEL ATRAVÉS DO BOSQUE MODELO CAÇADOR	
Área do Conhecimento: INTERDISCIPLINAR	
Curso: MESTRADO ACADÊMICO EM DESENVOLVIMENTO E SOCIEDADE	
Número de sujeitos no centro: 20	Número total de sujeitos: 15
Patrocinador da pesquisa:	
Instituição onde será realizado: UNIARP	
Nome dos pesquisadores e colaboradores: Aline Mateus e Ricelli E. R. da Rocha	
Você está sendo convidado(a) a participar do projeto de pesquisa acima identificado. O documento abaixo contém todas as informações necessárias sobre a pesquisa que se está propondo. Sua colaboração neste estudo será de muita importância. Caso venha desistir a qualquer momento, isso não causará nenhum prejuízo a você.	
2. Identificação do Sujeito da Pesquisa	
Nome:	Data de nascimento:
Endereço:	
Telefone:	E-mail:

3. Identificação do Pesquisador Responsável	
Nome: Aline Mateus	
Profissão: Turismóloga e Hoteleira	
Endereço: Rua Porto União, 159, ap. 301, centro, Caçador – SC	
Telefone: 48-99640-9053	E-mail: alimat2011@hotmail.com

1. O(s) **objetivo(s)** desta pesquisa é(são):
   - OBJETIVO GERAL: avaliar a aplicabilidade do Bosque Modelo Caçador para o desenvolvimento do turismo sustentável e seus benefícios para a população do município de Caçador e região.
   - Objetivos Específicos:
     - avaliar o potencial turístico através do Bosque Modelo Caçador;
     - mostrar a importância socioeconômica do turismo sustentável para a cidade de Caçador e região;
     - caracterizar a capacidade de carga turística do Bosque Modelo Caçador;
     - avaliar o impacto do turismo sustentável ao meio ambiente de Caçador e região;
     - analisar quais pesquisas poderiam ser realizadas através do turismo sustentável e Bosque Modelo Caçador;
     - determinar os benefícios do turismo sustentável para a qualidade de vida da população de Caçador e região;
2. O(s) **benefício(s)** esperado(s) é(são):
   Identificar potencialidades de atrativos turísticos sustentáveis através do Bosque Modelo Caçador; descobrir novas alternativas econômicas, com o objetivo de desenvolvimento socioeconômico da Região de Caçador, melhorando seu IDH de forma sustentável, diminuindo desigualdades sociais e promovendo qualidade de vida da população do município.

3. **O(s) desconforto(s) e risco(s)** esperado(s) é(são): De acordo com a lei Brasileira, a pesquisa oferece riscos mínimos e se enquadra naquelas que empregam técnicas e métodos retrospectivos de pesquisa em que não se realiza nenhuma intervenção ou modificação intencional nas variáveis fisiológicas ou psicológicas e sociais dos indivíduos que participam do estudo, entre os quais se consideram: questionários, entrevistas, revisão de prontuários clínicos e outros, nos quais não se identifique nem seja invasivo à intimidade do indivíduo. Ainda, pontuam-se as Diretrizes Éticas Internacionais para a Pesquisa Envolvendo Seres Humanos, propostas pelo CIOMS, em 1993, sobre Consentimento Informado, que caracterizam riscos mínimos como sendo aqueles não maiores nem mais prováveis do que aqueles ligados ao exame médico ou psicológico de rotina. A Resolução CNS 01/88 também tinha a definição de risco, que inclusive era empregada para estabelecer uma classificação dos próprios projetos em: pesquisas sem risco, pesquisas com risco mínimo e pesquisas com risco maior que o mínimo. Entretanto, essa definição e a sua consequente utilização para classificar os projetos foi revogada pela Resolução 196/96, atualmente em vigor. Essas Diretrizes para a Pesquisa em Seres Humanos estabeleceram que toda a pesquisa tem risco. Sendo assim, declaramos que a pesquisa apresenta riscos.
4. Tenho a liberdade de desistir ou de interromper a participação nesta pesquisa no momento em que desejar, sem necessidade de qualquer explicação.
5. A participação no estudo não acarretará custos para você. Não será disponibilizada nenhuma compensação financeira adicional. No caso de você sofrer algum dano decorrente desta pesquisa, o pesquisador ficará como responsável.
6. A desistência não causará nenhum prejuízo à saúde e ao bem-estar físico. Não interferirá no atendimento, na assistência, no tratamento médico, etc.

7. Os resultados obtidos durante este estudo serão mantidos em sigilo, mas concordo que sejam divulgados em publicações científicas desde que meus dados pessoais não sejam mencionados.
8. Poderei consultar o **pesquisador responsável** (acima identificado) ou o **CEP-UNIARP,** com endereço na Rua: Victor Baptista Adami, 800 – Centro, telefone (049) 3561-6200, sempre que entender necessário obter informações ou esclarecimentos sobre o projeto de pesquisa e minha participação no mesmo.
9. Tenho a garantia de tomar conhecimento, pessoalmente, do(s) resultado(s) parcial(is) e final(is) desta pesquisa.

Declaro que obtive todas as informações necessárias e esclarecimento quanto às dúvidas por mim apresentadas e, por estar de acordo, assino o presente documento em duas vias de igual teor (conteúdo) e forma, ficando uma sob minha posse.

Caçador (SC), _____ de _____ de _____.

_____   _____
   Sujeito da pesquisa   Pesquisador Responsável
                                      pelo Projeto
Testemunha:

_____
Nome:

IMPORTANTE: IMPRIMIR O TERMO EM DUAS VIAS, uma fica em posse do responsável e a outra com o pesquisador responsável. O representante deverá RUBRICAR todas as folhas do Termo de Consentimento Livre e Esclarecido TCLE, apondo sua assinatura na última página do referido termo. O pesquisador responsável deverá proceder da mesma forma, ou seja, rubricar todas as folhas do TCLE, apondo sua assinatura na última página do referido termo.

APÊNDICE C
FOTOS DA PESQUISA

Foto 1 – Espaço do "Galpão"

Fonte: Autora (2017)

Foto 2 – Lago Fundo

Fonte: Autora (2017)

Foto 3 – Flora exuberante e abundante diversidade da área do Galpão

Fonte: Autora (2017)

Foto 4 – Pesquisadora realizando as medidas para o cálculo da capacidade de carga turística da amostra

Fonte: Autora (2016)

SOBRE O LIVRO
Tiragem: 1000
Formato: 14 × 21 cm
Mancha: 10 × 17 cm
Tipografia: Times New Roman 10,5 | 12 | 16 | 18 pt
Arial 7,5 | 8 | 9 pt
Papel: Pólen 80 g/m² (miolo)
Royal Supremo 250 g/m² (capa)